김정은 시대
북한 외교정책의 전환과 실패

김정은 시대
북한 외교정책의 전환과 실패

ⓒ 루나윤 · 정학명, 2025

초판 1쇄 발행 2025년 11월 20일

지은이	루나윤 · 정학명
펴낸이	이기봉
편집	좋은땅 편집팀
펴낸곳	도서출판 좋은땅
주소	서울특별시 마포구 양화로12길 26 지월드빌딩 (서교동 395-7)
전화	02)374-8616~7
팩스	02)374-8614
이메일	gworldbook@naver.com
홈페이지	www.g-world.co.kr

ISBN 979-11-388-4924-1 (03340)

- 가격은 뒤표지에 있습니다.
- 이 책은 저작권법에 의하여 보호를 받는 저작물이므로 무단 전재와 복제를 금합니다.
- 파본은 구입하신 서점에서 교환해 드립니다.

트럼프 2.0 시대와 대북제재 메커니즘

김정은 시대
북한 외교정책의 전환과 실패

루나윤·정학명 지음

좋은땅

서문

2025년, 분단 80년의 해를 맞이하며 우리는 다시 한번 한반도의 현실을 돌아보게 된다. 같은 언어, 같은 피를 나눈 민족이지만, 남과 북은 오랜 시간 서로 다른 체제 속에서 전혀 다른 길을 걸어왔다. 그리고 그 상이한 여정 속에서 수많은 외교적 갈등과 대립, 협상과 기대, 그리고 반복되는 실패가 교차해 왔다.

이 책은 김정은 시대 북한의 외교정책이 어떻게 변화해 왔고, 왜 실패했는가에 대한 질문에서 출발한다. 특히 도널드 트럼프 전 미국 대통령과 김정은 국무위원장의 '세기의 회담'이라 불리었던 정상회담들, 그리고 그 이후 벌어진 국제적 역학의 흐름 속에서 북한의 전략적 판단이 어떤 함정에 빠졌는지 살펴본다. 더불어, 다시 트럼프가 재등장할 가능성이 제기되고 있는 오늘, 북한은 어떤 선택을 할 수 있으며, 우리는 무엇을 준비해야 할지를 함께 고민한다.

이 책의 저자인 루나윤과 정학명은 모두 북한에서 나고 자랐으며, 각자의 영역에서 간부로 활동하던 시기를 거쳐 한국에 정착한 탈북민이다.

저자 루나윤은 북한의 청년간부로 활동하다가 탈북하여 한국에 입국하였으며, 현재 대한민국에서 경제학과 사회복지정책을 연구하며 대학교 강단에 서고 있다. 경제인문사회연구소를 이끌며 탈북민 사회의 안정과 통합, 그리고 북한이탈주민을 위한 정책 연구에도 힘쓰고 있다.

공동 저자인 정학명은 북한의 외교 분야에 근무하면서 유럽에서 북한 외교관으로 활동한 경험을 가지고 있다. 한국에 입국한 후에는 북한에 대한 다양한 전문성을 지니고 자문 활동을 통해 현안 문제들을 신속하게 전달하는 소식통으로 알려져 있다. 북한대학원대학교에서 석사과정을 마치고, 현재는 박사과정을 준비하며 학문적 시야를 넓히고 있다.

두 저자는 북한의 실상을 직접 체험한 사람으로서, 겉으로 보이지 않는 외교 전략의 이면을 깊이 있게 들여다볼 수 있는 위치에 있다.

우리는 이 책에서 단순히 북한 외교정책의 실패를 비판하는 데서 그치지 않으려 한다. 오히려 그 이면에 감춰진 북한 정권 내부의 논리와 계산, 김정은 위원장이 처한 딜레마와 국제 정세의 압력을 입체적으로 분석하고자 한다. 트럼프 시대의 독특한 외교 스타일과 김정은 체제가 맞부딪히며 만들어 낸 일련의 드라마는, 한반도의 미래뿐 아니라 동북아 전체의 안보 질서에 영향을 끼친 중대한 사건들이었다.

트럼프 대통령의 예측 불가능한 태도와 '톱다운 방식'의 협상 전략은 김정은 정권에게 일시적인 기회를 제공한 듯 보였지만, 실상은 체제 안정과 제재 해제를 동시에 이루려던 북한의 전략이 국제사회 속에서 얼마나 비현실적이었는지를 드러내는 계기가 되었다. 하노이 회담의 결렬은 단순한 외교 실패가 아니라, 북한 외교 전략의 근본적인 오류를 상징하는 순간이었다. 이제 우리는 '트럼프 2.0 시대'의 도래를 바라보고 있다.

미국의 정권 변화 가능성과 국제사회의 제재 메커니즘이 어떻게 작동할지를 면밀히 분석하며, 북한이 과연 다시 한번 같은 실수를 반복할 것인지, 아니면 전환점을 찾을 수 있을지에 대한 진지한 통찰이 필요한 시점이다. 또한, 대한민국은 북한의 전략적 전환에 어떻게 대응해야 하며, 분단 80년의 현실 속에서 어떤 통일 정책과 외교적 방안을 마련해야 하는지도 중요한 과제로 남아 있다.

이 책은 학술서가 아니다. 그렇다고 단순한 수기나 탈북 체험기도 아니다. 북한을 가장 가까이에서 직접 경험한 두 사람이, 남한 사회에서 학문과 연구를 통해 쌓은 통찰을 바탕으로 대중과 함께 고민하기 위한 에세이 형식의 글이다. 누구나 읽고 이해할 수 있는 언어로 쓰되, 그 깊이와 무게는 결코 가볍지 않기를 바라는 마음으로 써 내려갔다.

우리는 이 책을 통해 북한의 외교전략이 안고 있는 구조적 문제를 함께 들여다보며, 그 해법을 모색하는 작은 계기를 만들고자 한다. 또한, 같은 땅에서 갈라진 두 민족이 다시 하나의 미래를 향해 나아가는 길에 이정표가 되기를 소망한다.

2025년 무더운 여름날.
경제인문사회연구소에서…

프롤로그

2018년 6월 12일, 전 세계의 눈과 귀가 싱가포르 센토사 섬에 집중되었다. 그날, 두 명의 지도자가 역사상 처음으로 마주 앉았다. 김정은 북한 국무위원장과 도널드 트럼프 미국 대통령. 세계 최강국의 수장과 고립된 사회주의 국가의 최고지도자가 같은 무대에 선 그 장면은 실로 한반도 현대사에서 가장 이질적인 두 인물의 만남이었으며, '세기의 악수'라는 이름으로 불리게 되었다. 한반도는 다시 역사의 중심 무대에 올랐다.

1953년 정전협정 이후 처음으로 북한과 미국이 정식 정상회담을 개최한 이 사건은, 단순한 외교 행위가 아니라 수십 년간 얼어붙었던 냉전의 유산을 허무는 듯한 인상을 주었다. 많은 이들이 기대에 찬 눈빛으로 TV 화면을 바라보았다. 두 사람의 악수가 만들어 낼 평화의 미래를 상상하며, 한반도의 비핵화와 평화체제가 현실이 되리라는 희망에 마음이 들떴다. 그러나 회담이 끝난 후 발표된 공동

성명은 생각보다 조심스럽고 원론적인 내용에 그쳤다.

'한반도의 완전한 비핵화', '새로운 북미 관계 수립'이라는 문구가 포함되었지만, 구체적인 실행 로드맵은 없었다. 그럼에도 불구하고 당시 분위기는 고무적이었다. 트럼프 대통령은 기자회견에서 "김정은 위원장은 매우 똑똑하고 위대한 협상가이며, 북한은 이제 변화의 길에 들어섰다"고 평가했다. 김정은 역시 미국과의 새로운 관계 수립에 강한 의지를 보이는 듯했다.

이듬해, 2019년 2월 하노이에서 열린 두 번째 정상회담은 많은 것을 바꿔놓았다. 트럼프와 김정은은 보다 구체적인 거래를 시도했다. 북한은 영변 핵시설의 폐기를 조건으로 일부 제재 해제를 요구했고, 미국은 더 넓은 범위의 비핵화와 검증 체계를 요구하였다. 그러나 양측은 접점을 찾지 못했다. 회담은 예정된 합의문 서명 없이 종료되었고, 두 사람은 각자의 길로 돌아섰다. 평화를 향한 큰 걸음은 그 자리에서 멈춰 버렸다.

그 만남은 무엇을 남겼는가. 일각에서는 "결과 없는 쇼"라고 비판했고, 또 다른 일각에서는 "가능성을 확인한 역사적 순간"이라고 평가했다. 분명한 것은, 이 회담들을 통해 김정은 정권이 외교무대의 중심으로 부상하였고, 트럼프 대통령은 과감한 방식으로 북핵 문제를 접근하려 했다는 점이다. 그러나 비핵화와 체제 보장을 둘러싼 인식 차는 여전히 좁혀지지 않았다. 세계는 두 지도자의 만남에 다양한 반응을 보였다. 중국은 한반도 안정에 긍정적 영향을 기대하며 조용한 지지를 보냈고, 일본은 회담 결과에 우려를 표하며 자국 안보를 재확인했다. 유럽과 국제사회는 '핵을 가진 독재국과의 외교'가 낳을 장기적 결과에 대해 신중한 시선을 유지했다.

한국은 남북 간 평화 분위기 조성의 기회로 이 회담을 적극 활용하고자 했으나, 북미 간 대화가 교착 상태에 빠지면서 남북 관계도 점차 얼어붙었다. 이 장면들은 단순한 외교 이벤트로 끝나지 않았다. 그것은 북한 외교 전략의 핵심이자, 김정은 위원장이 선택한 체제 생존의 방식이기도 하다. 김정은은 핵을 보유한 상태에서 국제사회에 손을 내밀었고, 트럼프는 정통 외교 방식과는 다른, '협상가'의 스타일로 그 손을 잡았다. 그러나 그 손을 잡은 순간, 두 사람은 서로 다른 언어로 대화하고 있었던 것이다.

하나는 '핵을 가진 상태에서 인정받고 싶었고', 다른 하나는 '핵을 내려놓고 난 뒤에만 인정할 수 있었다'. 이러한 어긋남은 결국 북미대화의 본질적 한계를 드러냈다. 트럼프 대통령은 실질적 성과 없는 회담이 국내 정치에서 논란이 되는 것을 우려하였고, 김정은은 내부 체제 결속을 위해 외부의 인정과 제재 완화를 필요로 했다. 두 지도자의 전략이 교차한 그 순간은 분명 역사적이었지만, 결과적으로는 '미완의 평화'로 남게 되었다.

바로 그 만남의 현장을 되짚어 본다. 단순한 회담의 내용이 아닌,

그 이면에 깔려 있던 계산과 심리, 외교적 기조의 차이를 조명한다. 그리고 이 회담들이 향후 김정은 외교노선에 어떤 영향을 미쳤는지, 왜 이후 북한이 다시 고립과 긴장으로 돌아갔는지를 설명할 것이다. '세기의 악수'는 그 자체로 드라마였다. 그러나 그 드라마는 아직 끝나지 않았다. 트럼프가 다시 백악관으로 돌아온 지금, 북한은 과거의 기억을 떠올리고 있다. 이번에는 과연 다른 결말을 기대할 수 있을까? 이 책은 그 질문에서 시작한다.

목차

서문 4

프롤로그 8

제1장 벼랑 끝의 리더십: 김정은은 어떻게 세계를 위협했는가?

1. 예상 밖의 등장: 27세 지도자의 등장과 불안의 그림자 — 16
2. 젊은 기질의 발현: 2013년 3차 핵실험과 국제사회의 반발 — 32
3. 젊은 기질이 반영된 외교·전략적 특징 — 36
4. 트럼프와의 스트롱맨 대결: '내 책상 위의 핵 단추' — 39
5. '우리식 경제관리'라는 이름의 타협 — 42
6. 평화와 대결 사이: 김정은의 벼랑 끝 전술 — 50

제2장 평화의 얼굴: 올림픽에서 정상회담까지

1. 2018 싱가포르: 희망의 시작인가? — 56
2. 2019 하노이: 왜 실패했는가? — 68
3. 판문점의 극적인 순간 — 77

제3장 장마당의 눈물: 화폐개혁과 무너진 신뢰

1. 국제사회의 경제적 압박 — 84
2. 민심의 반응: 외화에 대한 신뢰 폭등 — 87
3. "자력갱생"의 허상 — 108
4. 외교 실패가 만든 내부 고통 — 122
5. 내부 불만과 통제 강화 전략 — 145
6. 정권의 전략적 계산과 대외 이벤트 — 148
7. 공포 정치의 지속 가능성 — 151

제4장 북-중-러 신축 삼각 외교의 한계와 가능성

1. 북·러 관계의 발전과 전략적 중요성 — 154
2. 중국의 역할과 제한적 관계 — 163
3. 북중 관계, 형제의 그림자는 깊어진다 — 173
4. 지렛대 위의 외교술: 북한이 균형을 잡는 법 — 175
5. 북·중·러 삼각협력의 동향과 전망 — 184
6. 외교의 얼굴, 통제의 심장: 북한 외무성의 두 얼굴 — 193

제5장 트럼프 2.0 시대의 변수와 한반도

1. 트럼프 2기 시대, 다시 맞이한 한반도의 기로 — 198
2. 트럼프의 세계관, 그리고 그가 흔든 동북아 질서 — 201

3. 협상의 미학, 혹은 혼돈의 기술: 트럼프의 대북 도박 —204
4. 세기의 악수, 그리고 멈춰 버린 시계(평가와 영향) —208
5. 협상가 트럼프, 북한이라는 거래의 테이블에 앉다 —211
6. 대화의 문은 아직 열려 있는가? —214
7. 하노이의 기억, 그날 이후의 북한 사람들 —217
8. 무너진 신뢰, 닫힌 약속: 하노이 이후의 북한 사람들 —221
9. 트럼프 2기와 다시 움직이는 한반도 —224
10. 북한 외교의 다음 선택지: 고립을 넘어서 변화를 향해 —227
11. 트럼프 2기의 시계가 다시 움직일 때, 북한은 어떤 문을 열 것인가 —231
12. 바이든 vs 트럼프 대북정책 비교 —235
13. 트럼프 2.0 시대와 한반도 전략 전망 —242
14. 트럼프와 바이든 정책의 장기적 영향 —245

제6장 한국과 국제사회의 역할

1. 하나의 땅, 두 개의 길: 분단이 남긴 궤적 —250
2. 하나 된 외침, 북한을 향한 평화의 길 —253
3. 한반도의 평화, 우리 모두의 과제다 —256
4. 누구도 예외일 수 없는 땅, 모두의 협력이 필요하다 —260

에필로그 262

제1장 벼랑 끝의 리더십:
김정은은 어떻게
세계를 위협했는가?

1

예상 밖의 등장:
27세 지도자의 등장과 불안의 그림자

2011년 12월 평양은 한겨울의 차가운 공기 속에서도 정적이 감돌았다. 노동당 기관지인 로동신문은 김정일 국방위원장의 사망 소식을 전하며, 눈물을 흘리는 인민들의 모습을 대서특필했다. 거리 곳곳에는 조기를 단 깃발이 나부꼈고, 주민들은 '애도의 행렬'에 동원되었다. 하지만 그들의 마음속 깊은 곳에 자리한 감정은 단순한 슬픔만이 아니었다. 그것은 어쩌면 두려움, 그리고 막연한 불안에 가까웠다.

"이제 우리는 어떻게 되는 것인가?" 사람들은 속으로 묻고 있었다.

김정일이 세상을 떠난 그 순간, 전 세계의 시선은 곧바로 그 아들인 김정은에게 쏠렸다. 그가 차기 지도자라는 사실은 몇 년 전부터 '후계자 교양'이라는 이름으로 조심스레 준비되어 왔지만, 정작 북한 내부에서도 확신하지 못하는 눈치였다. 너무 이른 나이, 너무 빠른 승계.

김정은은 1984년생으로 약 27세에 불과했다. 군·당 간부들도 김정은의 존재를 2009년 이전에는 거의 몰랐으며, 2010년 당대표자회(군사위 부위원장 임명)를 통해 비로소 공개되었다. 김정남이 후계자에서 배제되고, 김정은이 빠르게 후계자로 등장한 것은 김정일의 건강 악화(2008년 뇌졸중 추정) 이후 급속히 이루어진 조치였다. 2012년, 27세의 김정은이 북한 최고지도자로 공식 등장한 첫해는 그의 리더십 스타일과 정책 방향을 드러내는 상징적인 시기였다. 김정일 사망 직후 권력을 물려받은 김정은은 '김정일의 계승자'로서 체제 안정을 우선시하면서도, 일부 새로운 기조를 시도하였다.

- 당 중심 체계 복원 시도

김정일 시대 군 중심 정책(선군정치)을 일부 조정하여, 당 중심의 '정치지도 복원'의 시도는 당과 내각, 군의 균형적 통치를 지향하는 인상을 주려 한 것이다. 2012년 김정은의 정책은 체제 안정 + 젊은 지도자의 이미지 부각 + 정통성 강화 + 부분적 변화 시사(경제·핵 병진의 조짐, 생활 향상 구호)로 정리된다. 실질 개혁보다는 유훈통치와 이미지 정치 중심이었다.

〈표 1〉 2012년의 주요 정책과 조치

구분	내용	비고
정권 이념 선포	"강성대국의 대문을 여는 해" 선언	실질보다 선전 중심
리더십 이미지	김일성식 현지지도 부활, 대중 접촉 강조	외모·말투 등 친근화
군사 기술 움직임	광명성 3호(4월), 은하 3호 발사(12월)	병진노선 전조
청년 중시	"청년은 주력부대" 언급, 청년행사 강화	리더 본인의 젊음 반영
헌법 개정	'김일성-김정일 헌법' 명문화, 국방위 제1위원장 신설	통치 정당성 확보
생활향상 선전	"모든 것을 인민생활 향상에" 강조, 평양 개발 사업	경제개혁보단 상징성 중심

김정일은 강성대국 건설을 주창하면서 사상강국을 위해서는 '선군사상'으로 일색화되어야 한다고 하면서 지도지침으로 내세웠다. 김정일이 선군사상을 통해 주민들의 사상결집을 강화하려 했던 것은 역사적으로 국가를 지탱했던 가장 강력한 힘인 인민들의 끊임없는 사상교육을 통해 사회통제를 할 수 있었기 때문이었다. 김정은 역시 아버지의 뒤를 이어 사상 재무장을 통해 인민들의 사상적 해이를 방지하고, 체제위협 요소를 차단하고자 할 것으로 보인다.

김정은은 2012년 4월 6일 당중앙위 일꾼들과의 담화를 통해 "온 사회의 김일성·김정일주의화는 우리 당의 최고 강령입니다. 온 사회의 김일성·김정일주의화는 온 사회의 혁명적 계승이며 새로운 높은 단계로의 심화발전입니다"라고 강조하면서 김일성·김정일의 혁명사상을 높이 치켜세웠다. 그리고 같은 해 5월 21일 노동신문 사설에 '김정일 애국주의 교양을 강화하자'고 주장하였다. 사설은 "김정일 애국주의를 강화하여야 사회의 모든 성원들이 령도자의 사상과 위업을 충실하게 받들고 언제 어디서나 위대한 장군님의 애국애족의 사상과 숨결로 살며 싸워 나가는 참다운 김일성·김정일주의 자로 준비시킬 수 있다"고 강조하였다. 또 2013년 신년사에는 "우리는 김일성·김정일주의 기치를 높이 들고 자주의 길, 선군의 길, 사회주의 길을 따라 끝까지 곧바로 나가야 한다"고 하면서 김일성·김정일의 혁명적 위업을 실천해 나가자고 강조하였다. 이는 김정일이 1974년 2월 19일 '온 사회의 김일성주의화'를 선포하면서 자신의 정통성을 김일성주의에서 찾았던 것과 같이 김정은 역시 자신의 정통성을 김일성·김정일 애국주의를 통해 찾고자 하는 것이다. 다시 말해 김정은도 아버지 김정일을 흉내 내 '온 사회의 김일성·김정일주의'를 선포한 것이다.

김정은이 권력승계 이후 김일성·김정일에 대한 각종 우상화 작업을 강화하고, '김일성 따라 하기'를 흉내 내고 있는 것은 바로 인민들에게 김일성·김정일 애국주의를 주입시키고 자신에 대한 부정적인 인식을 제거하려는 의도에서 추진하고 있는 것이라 할 수 있다. 또 북한이 그동안 열지 않았던 김일성·김정일 관련 각종 행사를 다시 개최하고, 그 규모 또한 기존에 비해 확대하여 실시하고 있는 것은 김정은이 인민들에게 김일성·김정일의 향수를 불러일으키고, 자신의 존재감을 인민들에게 각인시킴으로써 자기에 대한 충성을 이끌어 내기 위한 것이다. 김정은은 자신의 정권이 안정기에 들어설 때까지는 '김일성·김정일 애국주의'를 새로운 지도사상으로 내세우면서 인민들의 사상을 재무장시키고 체제일탈 행위를 방지하고자 할 것으로 판단된다.

이를 위해 북한은 앞으로 각종 군중집회와 사상교육, 공안기관을 이용한 감시 및 통제강화, 국경지역의 탈북자 통제대책 등을 강력히 추진할 것으로 보인다. 군복을 입고 군사 훈련장에 나타난 그의 모습은 언뜻 노련해 보이려 했지만, 아직 앳된 얼굴에는 어딘가 어색한 긴장이 배어 있었다.

김정일의 후계자로 지목되자마자 그는 "장군님께서 사랑한 자식"이라는 선전구호 아래 하루아침에 신격화되었지만, 북한 고위층과 주민들 모두 속으로는 묻고 있었다.

'경험도 없는 저 젊은이가 정말로 나라를 이끌 수 있을까?'

김정은의 승계는 김일성→김정일로 이어진 세습과는 달랐다. 김일성에서 김정일로 넘어갈 때는 20년이 넘는 후계자 수업 기간이 있었지만, 김정은에게는 고작 3년 남짓의 짧은 준비기간만이 주어졌다. 그것도 김정일의 건강 악화가 급격히 진행된 이후였다. 그의 권력승계가 '계획된 미래'라기보다는 '급조된 선택'처럼 보인 이유였다.

- 엘리트들 속의 불안과 눈치 싸움
"과연 이 애가 나라를 이끌 수 있나?"

왜냐하면 김정은은 2010년에 갑작스럽게 등장했으며, 공직 경력이나 군 경력이 거의 전무했기 때문이다. 문제는 노동당과 인민군 고위 간부들은 대부분 김일성 세대 또는 김정일 세대의 충복들이었기 때문에, 20대 후계자를 보며 '지도자 자질'에 의문을 가지는 것은 당연한 문제의 하나였다. 그러나 어차피 세습 독재 체제인 북한의 시스템인 경우 아들 김정은이 지도자로 등장할 것은 너무나도 자명한 현실임을 깨닫고 있는 북한 내 간부들 속에서는 김정은의 권력 장악 초기에 "누가 이 사람에게 더 먼저 충성하느냐", "누가 실수하지 않고 살아남느냐"에 대해서는 매우 민감한 상태였다. 이로 인해 내부에서는 서로를 의심하거나 견제하는 분위기, 즉 눈치 싸움이 격화되었다.

- "충성 경쟁"과 "침묵의 동맹"

일부 간부들은 김정은에게 일찍 줄을 대고자 적극적인 충성 경쟁을 벌였다. '최룡해는 김정은 옹립 과정에서 중요한 역할을 하며 권력 중심으로 부상.' 회의 석상에서는 김정은의 발언에 가장 먼저 박수 치거나, 발언 내용을 과장해 칭송하는 모습이 언론에도 자주 등장한다.

최룡해는 항상 아버지가 김일성, 김정일에게 충성했던 것처럼 자신도 수령을 모시는 자세와 입장에서는 변함이 없었다(반면, 나서지 않으면서도 눈치를 보는 중간 간부층도 많았다. 이들은 '김정은이 실패할 경우 다음 권력에 살아남자'는 생각으로 의도적으로 저자세를 유지하는 태도로 나아갔다.). 만약 너무 앞서 나서면 '1순위 숙청 대상'이 될 수 있음을 본능적으로 알고 있었기 때문이다. 일각에서는 "혹시 2인자 체제로 가지 않을까"라는 기대 아닌 기대도 흘러나왔다. 김정일의 여동생 김경희와 그의 남편 장성택이 후견인 역할을 맡아 '섭정 체제'를 구축할 것이라는 관측도 있었다.

하지만 김정은은 예상외로 빠르게 권력 장악에 나섰다. 그는 부친의 장례식을 계기로 군부 실세들과 나란히 행진하며 '권력의 주인'으로서 모습을 각인시켰다. 장례식에서 그가 상복 차림으로 눈물을 흘리며 관을 따라가는 모습은 북한 매체에 의해 "아버지를 잃은 아들의 충성심"으로 미화되었지만, 세계 언론은 그보다 다른 점에 주목했다. 바로 그의 단호한 표정과 당당한 걸음걸이였다. 그 짧은 장면에서조차 김정은은 자신이 약자가 아님을 보여 주려 했다.

김정은 체제에서는 기존의 엘리트 집단(당, 군, 내각)이 서로 견제하도록 구조화시켰다. 당 간부가 군 간부를 감시하고, 군 간부가 내각을 의심하는 체계인데 이는 불안을 억제하는 동시에 통제의 수단이 되기 때문이다.

동시에 정기적인 충성 맹세, 사상교육 강화, '1인 우상화' 고도화 등을 통해 엘리트 내부의 결속이 아니라, 지도자 개인에 대한 충성을 강제하고 있다. 당시 노동당과 군부의 엘리트들은 겉으로는 "위대한 영도자 동지 만세"를 외쳤지만, 속으로는 서로 눈치를 보았다.

북한은 원로 중심의 권위주의 체제이기 때문에, 20대 젊은 후계자에 대한 불안과 회의가 상당했다. 특히 군부 고위 간부들은 김정은이 자신들을 통제할 능력이 없고 원로들의 말을 고분고분 들을 것이라고 생각했지만, 김정은은 2012~2013년 대대적인 숙청(리영호, 장성택 등)을 통해 권위 확립에 나섰다.

간부들의 충성심을 유도하기 위해 특권 유지와 선물정치를 계속했고, 이와 동시에 "백두혈통"을 강조했다. 김정은은 아버지의 대를 이어 권력을 장악했다. 그는 초기 개혁적 이미지를 시도했으나, 이내 강경한 권력 집중과 숙청을 단행했다. 이복형 김정남의 암살, 고모부 장성택의 처형, 고위 관리들의 숙청, 그리고 핵 개발 지속은 그의 폭정의 일면을 보여 주고 있다. 김정남은 아버지 김정일이 생존할 때에는 생활 자금을 받아 해외에서 부화방탕한 생활을 이어 왔지만, 사망 후부터는 그렇지 못하였다. 그는 항상 이북동생 김정은으로부터 조국에 귀국하여 정상적인 자기 사업을 진행하는 것에 대한 충고도 몇 번씩 받아 왔다.

그러나 그의 해외생활의 습관은 유일지배체제가 철저히 세워지고 감시망이 철저한 북한 시스템에서 살기에는 너무도 타락되었고, 자유 분망한 사람이었다. 게다가 백두혈통 가문의 자식이 중국 공안의 감시망에 들어가 있다는 국제사회의 여론과 특히는 미국 CIA의 첩보망과 얽혀져 있다는 국가보위성 정보통에 의해 김정은으로서는 더는 참을 수 없는 극한점에 도달했으며 결국 그를 없애 버리는 것이 적당한 타산이라고 생각하였던 것이다.

고모부 장성택은 2008년부터 김정일이 뇌출혈로 쓰러지자 당, 행정, 사법기관에 자기 지반을 닦아 놓았으며, 당내에 당의유일사상체계와 어긋나는 2중 규율을 조성시키는 엄중한 과오를 범하였다. 그는 2006년부터 아내 김경희와는 부부가 아닌 남남으로 살아왔으며 마약상습으로 부패한 생활을 진행해 왔다. 돈맛으로 당행정부를 책임지고 일하면서 부를 축적해 왔으며, 권한이 막강해지자 사인도 제 마음대로 모방하여 지도자의 친필지시로 아래 단위에 내려보냈고 나라의 땅과 바다를 팔아먹으면서 인간으로서는 하지 말아야 할 못된 짓은 다하면서 부화방탕한 생활을 즐겨 왔다.

2012년 초 어리고 경험이 부족한 김정은이 지도자로 등장하자 그를 깔보면서 당대회 주석단에 앉아서는 자세도 바로 하지 않고 건방지게 행동하였으며 박수 치는 것도 정중성이 없어 지적을 받기도 하였다. 측근들인 7총국 정치위원이며 당행정부부장 이용화, 54부 부장이며 당행정부부장이었던 장수길은 장성택을 '우리 1번 동지'라고 우상화 작업에 들어갔다. 그는 혁명의 시기가 도래할 때 방패막으로 이용할 1인당 7,000달러분의 군사장비를 갖춘 강한 전투력을 지닌 소위 '타격부대'를 인민보안성 산하 도, 시 인민보안국에 (500명 이상씩)창설하였으며 만약의 내부'소요'에 대처하는 부대라고 거짓선동으로 유도해 왔다.

장성택과 그 측근들의 행위는 북한 내에 반정부 세력이 우세할 수 있는 위험요소로 작용하였다고 인정했기 때문에 그를 혁명의 이름으로 처단하였다. 주민들은 감시망 아래 놓여 있으며, 사소한 반체제 발언조차 처벌대상으로 간주하였다. 공개처형은 공포를 조장하는 수단으로 활용되고 있으며, 정치적 반대자들은 비밀리에 제거되거나 고문당하고 있다.

- **북한 주민들의 일상생활**

북한 주민들은 정부의 철저한 통제 아래 제한된 자유 속에서 살아가고 있다. 정보의 자유가 차단되어 외부 세계에 대한 접근이 거의 불가능하며, 외국 방송 시청은 중대한 범죄로 간주되었다. 식량배급이 불안정하고 경제 상황이 열악하여, 많은 주민이 장마당(비공식 시장)에서 생계를 유지하며 생활필수품을 구입하면서 살아가야 했다. 돈을 벌어 생계를 유지하기 위해 정든 고향을 떠나 금광산맥을 찾아 산으로, 오징어 물고기를 잡기 위해 바다로, 시금을 채취하기 위해 강기슭으로 정처 없이 떠났다. 그래도 북한 주민들은 스위스에서 유학 공부를 하고 외국에 몸을 담갔던 젊은 지도자가 주민들의 생활 향상을 위해 중국처럼 개방 개혁이라도 해서 잘살게 할 수 있지 않을까? 라는 기대감도 없지 않았다.

김정일은 북한의 어려운 경제난과 식량난을 해소하기 위해 각종 경제정책을 추진하였다. 그러나 체제위협을 우려한 '모기장식' 개방과 북핵문제로 인한 국제사회의 제재에 직면하면서 큰 성과를 보지 못하였다. 김정은 역시 인민들의 먹고사는 문제인 식량난과 경제난 해결에 몰두하고 있는 것으로 보인다.

김정은은 2012년 2월에 열린 최고위층 핵심간부회의에서 "지금은 총알보다 식량이 중요하다"고 하였고, 이어 4월 6일 당중앙위 일꾼들과의 담화에서는 "현 시기 인민생활문제를 풀고 나라의 경제를 추켜세우는 것은 위대한 장군님의 강성국가건설 구상을 실현하기 위한 투쟁에서 나서는 가장 중요한 문제입니다"라고 강조하였다. 또 2012년 신년사에 "현 시기에 인민들의 먹는 문제, 식량문제를 푸는 것은 강성국가 건설의 초미의 문제"라며 농업생산 증대를 위한 노력을 강조하는가 하면, 2013년 신년사에는 인민들의 투쟁구호를 "우주를 정복한 정신, 그 기백으로 경제강국 건설의 전환적 국면을 열어 나가자!"로 정하고 지난해에 이어 금년에도 농업과 경공업을 경제건설의 주공전선으로 선정하였다.

　김정은의 이와 같은 발언은 현재 북한의 식량 사정이 얼마나 심각한 상황에 처해 있는가를 보여 주는 부분이라 할 수도 있다. 또 한편으로 김정일은 생존에 1998년 헌법을 개정하여 소유구조의 조정과 개인소유의 범위 확대, 독립채산제실시를 통해 경제의 자율성을 확대하였고, 2002년에는 '7·1 경제관리개선조치'를 통해 물가·임금·환율을 현실화하고자 여러 가지 정책들을 실시하였다. 또 '신의주 경제특구', '개성공업지구', '금강산 관광특구'를 지정하고 외국자본을 영입하고자 하였다. 2012년 김정은은 자신의 정권출범 이후 어려운 경제문제를 해결하기 위해 일부 자본주의 요소를 도입한 '6·28조치'를 내놓았다.

- 6.28조치 주요 내용은

　① 내각의 경제정책 집행 및 경제사업 추진에서 주도성과 책임성 강조, ② 기업과 농업에 초기 생산비용 지급, ③ 농업분야에서 분조의 규모를 기존의 10~25명에서 4~6명으로 축소, 또한 수확 후 목표량의 70%에 해당되는 현물이나 현금을 국가에 납부하고 목표 초과 부분은 자유처분 허용, ④ 기업들은 자체적으로 경영계획을 수립하여 원자재 구매와 제품의 생산·판매에 최대한 자율성을 보장하고

이익금의 70%를 국가에 납부, ⑤ 생산기업소와 서비스기관에 대한 개인자본의 투자 허용 등이다.

그러나 김정은이 내놓은 신 경제개혁정책은 김정일이 추진했던 '7·1경제관리개선조치'의 연장선상에서 추진하는 것으로 자본부족과 농업기반시설이 낙후된 북한으로서는 큰 성과를 보지 못하고 있는 것으로 나타나고 있다. 김정은은 경제강국 건설을 위해 "경제관리 방법을 끊임없이 개선하고 완성해 나가며 여러 단위에서 창조된 좋은 경험들을 널리 일반화하도록 해야 한다"고 하면서도 '우리식 사회주의경제제도'를 확고히 고수할 것을 강조하였다.

또 김정은 체제에 들어서서 북한 매체들은 "적들이 원하는 개혁·개방은 없다. 우리는 사회주의 경제를 고수할 것이다"라고 유난히 강조하고 있다.

이는 김정은이 경제난 회복을 위한 개혁·개방 정책보다는 자신의 체제유지를 위한 기존의 폐쇄된 경제정책을 추진하겠다는 의도로 해석할 수 있다. 따라서 김정은 역시 김정일에 이어 개방보다는 자력갱생에 의한 경제정책을 추진하면서 이를 극복하고자 할 것으로 보인다. 또 한편으로는 김정일식 통제와 계획경제의 근간을 유지하면서 외자유치나 경제특구 형태를 통한 경제위기 해결책을 확대해 나갈 수도 있다.

김정은 체제의 경제전략은 2012년 경제관리개선조치 시범사업

→ 2014년 '5.30'경제개선관리개선조치 발표→ 2016년 5개년전략(7차 당대회)→ 2018년 경제건설 총력집중 노선(남북 관계, 북미 관계 개선)→ 2021년 5개년 계획(8차 당대회)수립이라는 로드맵으로 체계화되었다. 이 과정에서 경제 핵 병진 노선과 경제건설 총력집중노선을 내세워 경공업의 발전을 꾀하고 수많은 건설 사업을 통해 중공업의 현대화를 추진했다.

그러나 대북제재의 해제가 동반되는 외부와의 무역 없이 국내 시장만으로 자력갱생을 실현한다는 것은 처음부터 불가능에 가까웠고, 여기에 북한 정권의 유명무실한 행정능력, 최악의 부정부패, 그리고 2020년 한반도의 폭우 사태까지 겹치면서 결국 2021년 조선노동당 제8차 대회에선 경제 개발 실패를 인정하고 제2차 고난의 행군을 선언했다.

2022년에는 북한 코로나-19 대유행과 비이성적인 무역활동 제한, 국제사회의 지원에 대한 거부로 인해 북한에 심각한 식량난이 또다시 도래하였다. 이 때문에 최소 2018년 수준의 전향적 태도를 보이지 않는 이상 앞으로 유의미한 경제적 성과를 거두긴 힘들어 보인다.

이렇듯 국내외에서 촉발된 여러 위기에 봉착하자 그동안 개혁개방을 추구하는 척하던 모습은 온데간데없이 사라지고, 2020년대부터는 오히려 반동사상문화배격법 및 청년교양보장법, 평양문화어보호법 제정 등을 통해 북한의 21세기 중 가장 악랄한 독재자로 북한 주민들을 더욱 무자비하게 옥죄고 있다. 남북 관계에 있어 자신의 업적은 물론 한국 정부의 모든 평화를 위한 노력마저 자신의 체제를 전복하려는 시도였다며 선대의 업적마저 뒤엎는 행보도 생기고 있다. 젊고 외국 문물에 익숙하기도 한 김정은이 북한의 변화를 주도할 수도 있다는 기존의 낙관적인 예상이 무색하게도 폐쇄적인 북한 체제를 더욱 퇴행시키는 중이다. 2023년부터는 양국론을 주장하며 통일을 전면 거부하고 있다.

- 김일성의 그림자를 의도적으로 입다

북한 전승절(정전협정일) 기록영화 속 김일성 주석은 흰색 군복을 입고 연단에서 주민들에게 손을 흔듭니다. 모자만 빼면, '원수복'(공화국 원수의 예복)을 입은 둘의 모습은 70년의 세월을 무색하게 할 만큼 닮아 있습니다. 김정은=김일성… "또 한 분의 태양"

집권 10년 만에 공개적인 공식 행사엔 처음으로 원수복을 입고 등장한 김정은 위원장, 노동신문은 이렇게 묘사했다.

> … 원수복을 입으신 경애하는 총비서동지의 모습을 뵙는 순간 환희와 격정으로 심장이 세차게 높뛰었다. 위대한 승리의 년대인 1950년대로 마음 달리는 것을 어쩔 수 없었다.
> … 또 한 분의 태양의 모습, 희세의 천출명장의 모습을 눈시

울 뜨겁게 접하게 되었다.

- 노동신문(4월 27일) 중

김 위원장이 원수복을 입고 나타나자, 북한 주민들은 1950년대를 떠올렸다. 그리고 김 위원장을 김일성을 잇는 "또 한 분의 태양"이라고 표현하고 있다. 80년의 세월을 뛰어넘어 두 수령을 동일시하려는 노림수가 읽히고 있었던 것이다.

김정은은 아버지의 그림자를 벗어나기 위해 오히려 할아버지 김일성의 카리스마를 차용했다. 헤어스타일도 과거 김일성의 올백머리를 닮았다. 연설할 때 그의 목소리 톤과 손짓까지 김일성을 연상시키도록 연출되었다. 이는 북한 주민들에게 "위대한 수령님의 손자"라는 이미지를 각인시키려는 계산된 전략이었다.

하지만 서구 언론들은 이 과정을 냉소적으로 보았다. 워싱턴 포스트는 "북한의 젊은 후계자가 할아버지의 유산 위에 서 있으나, 그 발 밑은 모래 위처럼 불안정하다"고 평가했다. BBC는 "한 국가의 핵 버튼이 이제 스물일곱 청년의 손에 들어갔다"고 보도하며 그 위험성을 경고했다.

2

젊은 기질의 발현: 2013년 3차 핵실험과 국제사회의 반발

김정은의 초기 통치 스타일은 "강하게, 빠르게, 과감하게" 하는 스타일이었다. 2011년 말 집권 후, 김정은은 강한 리더십을 신속히 보여 줘야 할 압박을 받았던 것이다.

김정일은 '은밀한 스타일'이었다면, 김정은은 초반부터 대규모 열병식, 로켓 발사, 군사훈련 시찰 등 시각적 이벤트를 자주 활용하는 것이 특징적이었다.

국제무대에 젊은 지도자로서 단호한 결단력, 군 통제 능력, 미국과 맞설 배짱을 보여 주려 했던 것이다.

2012년 광명성 3호 발사 성공(12월),

첫 성공적인 장거리 로켓 발사(사실상 ICBM 기술).

UN 안보리는 이를 '금지된 탄도미사일 기술 사용'으로 규정하고 제재 결의 2087호(2013. 1. 채택)를 통과시켰다.

이에 격분한 북한 김정은 정권은 이를 도발이 아니라 "주권 행사"라고 강변하며 정면 도전해 나섰다.

2013년 2월 12일, 평양의 새벽은 유난히 고요했다.

그러나 그 고요는 곧 지구 반대편까지 울려 퍼질 충격파에 의해 깨졌다. 북한 함경북도 길주군 풍계리에서 거대한 지진이 감지되었다.

5.1 규모의 인공지진. 그것은 바로 김정은 체제 출범 이후 첫 번째, 북한으로서는 세 번째 핵실험이었다.

"젊은 장군님은 결코 물러서지 않는다."

김정은이 집권한 지 불과 1년여 만에 감행된 이 핵실험은 세계를 향한 선언이었다. 그는 국내외의 시선을 정면으로 돌파하려 했다.

당시 북한 내부의 분위기를 상상해 보면, 간부들은 겉으로는 "위대한 영도자 동지 만세"를 외치며 열광하는 척했지만, 속으로는 불안했다. "이 젊은 지도자가 정말로 우리를 위기에서 구할 수 있을까?"라는 의문은 여전히 당 간부들과 군부 엘리트들 사이에 맴돌았다.

김정은은 이 의문을 잠재울 필요가 있었다. 그 방법은 단순했다. 누구도 쉽게 넘볼 수 없는 강력한 힘을 보여 주는 것. 그것은 바로 핵이었다.

분명 김정은은 2013년 2월 12일 오전 11시 57분 함경북도 길주군 풍계리에서 제3차 핵실험을 강행하였다. 온 세계가 경악을 금치 못하였다.

추정 폭발력: 약 67kt(1차 1kt, 2차 24kt보다 확연히 상승)

북한 발표: "소형화・경량화된 핵무기 실험 성공" → 탄도미사일 탑재 가능성 시사…

이것은 김정은의 핵무기 실전화 선언이자, 국제사회와의 전면 대결 선언이었던 것이다. 놀라운 것은 전례 없이 짧은 간격으로 UN 결의에 맞서 핵실험을 단행하였고, 도발 수위와 속도 모두 급상승을 하였다는 것이다. 내부적으로는 군부 통제력 과시, 주민 결속 유도, 체제 자립의 상징화 효과 노림을 노리는 것도 또 하나의 술책이었다.

국제사회는 세계를 핵 구름으로 뒤덮으려는 북한에 반발하였으며, 한결같이 북한의 고립을 심화시키고 제재 강화에 대한 일치의 견해를 보았다. 2013년 3월 7일 UN 안보리 제재 결의가 중국, 러시아 포함 만장일치로 통과하여 제2094호가 채택되었다. 이 결의는 북한과의 국제 금융망 단절을 본격화한 첫 조치로 평가된다.

이전까지는 유보적 태도를 취하던 중국도 공개적으로 비판하면서 단둥 국경 무역 일시 차단, 국경지역 감시를 강화하였다.

"북한의 지역 안정의 위험은 중국의 국가이익도 침해하고 있다"
- 중국 관영언론

핵실험 소식이 전해지자마자 국제사회는 즉각 반응했다.

유엔 안전보장이사회는 긴급 회의를 소집했고, 미국, 일본, 유럽연합은 일제히 북한을 규탄하는 성명을 냈다.

"이것은 명백한 도발이며, 동북아시아의 평화를 위협하는 행위다."

- 당시 버락 오바마 미국 대통령

"김정은 체제는 통제 불능의 위험한 정권이다."

- 일본 아베 신조 총리

미국 내 주요 언론들은 한목소리로 김정은을 "미성숙한 스트롱맨"이라고 묘사했다.

뉴욕타임스는 "스위스에서 유학생활을 하던 청년이 이제 세계를 위협하는 핵버튼을 쥐었다"고 비꼬았다. 워싱턴포스트는 "그의 과감성은 불안의 다른 이름"이라며 불확실성을 경고했다.

중국조차 표면적으로는 북한을 두둔하지 않았다. 베이징 외교부는 드물게 강한 어조로 "자제"를 요구했다. 하지만 이 모든 비난은 평양의 선전매체에선 이렇게 바뀌어 전달됐다.

"미제와 그 추종세력들이 우리의 정의로운 핵보유를 두려워하며 발악하고 있다."

3

젊은 기질이 반영된 외교·전략적 특징

　김정은의 외교 전략은 매우 공세적이다. UN 제재에 제때에 대응하며 도발을 감행하는 그의 방식은 그가 외부 압력에 굴복하기보다는 오히려 그 압박을 역으로 이용해 자신이 주도하는 방향으로 나아가는 특성을 보여 준다. 2013년 3차 핵실험을 통해, 김정은은 "내가 이 체제의 진정한 주인이다"라는 메시지를 북한 내부에, 특히 당과 군에 강하게 각인시켰다. 그는 미국의 "전제조건 없는 대화" 제안을 거부하고, 도발을 통해 자신의 입지를 더욱 굳히는 전략을 선택했다.

　이 시점에서 김정은은 단순히 국가의 지도자가 아니라, '김정은표 스트롱맨 외교 전략'의 주인공이 되었다.

　김정은은 젊은 나이에 권좌에 올라서 "두려움을 관리하는 법"을 배운 지도자였다. 그는 자신을 불안정한 존재로 여기는 세계의 시선을 오히려 협상의 지렛대로 삼았다. 핵실험은 단순한 무력시위가 아니었다. 그것은 그의 권력 내부에 대한 메시지였으며, 외부 세계를 향한 경고였다. 북한 내부에서는 김정은을 "백두의 혈통을 이은 결단력 있는 지도자", "미국도 감히 덤비지 못하는 젊은 장군님"이라고 묘사하며 그에 대한 충성을 다짐했다. 특히, 평양의 관영 매체들은 그의 전략을 칭송하며 "영도자의 탁월한 전략"을 강조했다.

그럼에도 불구하고 김정은의 리더십은 단순히 내부의 충성 맹세로 그치지 않았다. 북한 주민들은 식량난과 생필품 부족에 시달리면서도, 장마당 한 켠에서 속삭였다. "미국이 이제는 우리를 함부로 못 하겠지. 핵이 있으니까." 바로 이것이 김정은이 바라던 마음이었다. "핵 보유국의 지도자"라는 타이틀은 그에게 막대한 정치적 자산이 되었다. 그의 강경한 태도는 국제 제재 속에서도 김정은의 지배력을 더욱 확고히 했으며, 그가 원하는 정치적 목표를 향해 나아가는 중요한 발판이 되었다.

2013년 그해 겨울을 우리는 생생히 기억한다. 서울의 차가운 바람 속에서도 뉴스는 뜨거웠다. CNN 앵커가 "한반도에서의 전쟁 가능성이 높아졌다"는 말을 할 때, 나는 북한 주민들보다 우리가 더 불안한 게 아닐까 하는 기묘한 감정을 느꼈다. 과연 그는 무모한 것인가, 아니면 매우 전략적인 것인가? 그 질문은 지금까지도 명확한 답을 내리기 어렵다. 그러나 한 가지는 분명했다. 김정은의 핵실험은 단순한 '선전용 쇼'가 아니었다. 그것은 그의 권력 공고화 전략의 핵심이었다. 그는 스스로가 약하지 않다는 것을, 그리고 협상에서 절대 밀리지 않겠다는 것을 보여 주고 있었다.

2013년 3차 핵실험은 젊은 지도자의 불안한 젊음과 대담한 결단력이 맞닿은 지점이었다. 그는 위험을 감수하는 법을 배웠고, 그 위험을 무기로 삼았다. 국제사회가 그를 고립시키려 할수록 그는 더 강하게 자신의 존재를 드러냈다. 이때부터 김정은은 외교의 무대에서 약자가 아닌, 협상 가능한 공포의 주체로 자리 잡기 시작했다.

4

트럼프와의 스트롱맨 대결: '내 책상 위의 핵 단추'

 2017년 여름, 한반도는 마치 전운이 감도는 전장처럼 팽팽한 긴장 속에 휩싸여 있었다. 북한의 탄도미사일은 이미 뉴스의 중심이 아니라 일상이었고, 김정은이 미사일 발사 장면을 바라보며 박수 치는 모습은 곧장 포스터와 벽화로 재현되었다. 같은 해 7월, 북한은 역사적인 선언을 내놓는다. "미국 본토까지 도달 가능한 대륙간 탄도미사일(ICBM) 화성-14형의 시험 발사에 성공했다." 워싱턴의 공기는 급격히 얼어붙었다.

 그때 도널드 트럼프 대통령이 내놓은 첫 반응은 충격적이었다. "북한은 전 세계가 한 번도 본 적 없는 화염과 분노에 직면할 것이다." 이 말은 단순한 경고가 아니었다. 그것은 한 스트롱맨이 다른 스트롱맨에게 던지는 노골적인 도발이었다. 곧이어 북한 측 반응도

만만치 않았다. "늙다리 미치광이의 허튼소리", "이 전쟁광이 북극성을 향해 짖어 대고 있다." 서로를 향한 조롱과 위협은 마치 감정의 파도를 타고 거칠게 부딪쳤다. 평양 거리에는 '미제를 멸살하자'는 구호가 적힌 선전물이 넘쳐났고, 트럼프는 매일같이 강경한 트윗을 날리며 김정은을 자극했다.

서울에서는 미사일 경보에 대비한 훈련이 일상이 되었고, 도쿄 시민들은 사이렌 소리에 지하철역으로 몸을 피했다. 유엔은 연달아 추가 제재를 통과시켰고, 북한의 석유 수입은 절반으로 줄었으며, 해외 노동자 송출도 금지되었다. 그럼에도 불구하고 김정은은 물러서지 않았다. 오히려 더 잦은 미사일 발사로 응수했다.

2018년 1월 1일, 김정은은 신년사를 통해 세계에 또 다른 파장을 던졌다. "핵 단추는 내 책상 위에 항상 놓여 있다. 이것은 협박이 아니라 현실이다." 이 발언은 전 세계를 일순간 긴장 속에 몰아넣었다. CNN은 이를 "지구상에서 가장 위험한 두 남자의 치킨게임"이라 불렀고, 사람들은 불안한 표정으로 뉴스 속 그래픽 지도를 바라보았다. 당시 나는 문득 이런 질문을 떠올렸다. '만약 한쪽의 오판으로 미사일 한 발이 발사된다면? 그 순간 세상은 어떻게 변할 것인가?'

트럼프는 곧바로 반격했다. "내 것도 있다. 그리고 내 것은 훨씬 크고, 훨씬 강력하며, 실제로 작동한다." 전 세계는 그 발언을 듣고 웃어야 할지, 울어야 할지 몰랐다. 그러나 그들 사이의 충돌은 단순한 감정적 설전만은 아니었다. 김정은은 트럼프의 위협을 오히려 정치적 자산으로 바꾸어 냈다. 북한 내부에서 그는 "미제의 위협에 맞서는 젊은 지도자"로 묘사되었고, 군부와 당 간부들의 결속은 더 강해졌다. 반면 트럼프는 북한 문제를 강하게 대응하는 지도자 이미지를 통해 국내 정치적 지지 기반을 다졌다.

두 사람은 서로에게 도발하면서 동시에 자신들의 입지를 다지는 데 성공하고 있었다. 말 폭탄은 날마다 커졌고, 한반도는 점점 더 위태로워 보였다. 그러나 놀랍게도 2018년 봄, 김정은은 평화를 이야기하기 시작했다. 그는 평창 동계올림픽 참가를 선언했고, 한순간에 전 세계의 시선은 북한의 국기와 응원단으로 옮겨 갔다. 긴장으로 팽팽히 당겨졌던 줄이 느슨해지는 순간이었다.

이 모든 상황은 단지 트럼프와 김정은이라는 두 인물의 충돌이 아니었다. 그것은 '강한 자만이 살아남는다'는 냉혹한 세계관 속에서 정치와 체제, 공포와 이미지가 서로 얽히며 벌어진 스트롱맨 정치의 실체이자 국제정치의 불확실성이 얼마나 위험할 수 있는지를 보여 준 생생한 사례였다.

5

'우리식 경제관리'라는 이름의 타협

2014년 5월 30일, 평양에서는 평소와 크게 다르지 않은 하루가 시작되었지만, 정권 내부에서 흘러나온 한 문장이 그날의 공기를 조금 다르게 만들었다. "우리식 경제관리 방법." 이 말은 관영 매체를 통해 알려졌고, 곧 평양 주민들 사이에 수군거림이 번졌다.

처음에는 다들 반신반의했다. "장사꾼들도 이제는 잡혀가지 않아도 된다더라." "시장에서도 당당히 돈 벌 수 있다며?" 평양의 장마당 구석에서 이런 말들이 속삭이듯 오갔다. 김정은 정권이 시장을 없애는 대신 오히려 인정하려 한다는 것은 놀라운 변화처럼 느껴졌다. 몇 해 전까지만 해도 장마당에서 거래를 하다 보위부원에게 끌려가는 일이 다반사였기 때문이다.

사실 이 변화의 씨앗은 이미 오래전에 심어졌다. 1990년대 중반,

북한이 극심한 경제난에 빠지며 국가 배급 시스템이 무너졌고, 주민들은 살아남기 위해 스스로 장마당을 만들었다. 처음엔 불법이었고, 당국은 이를 단속하려 했지만 곧 통제 불가능한 존재가 되었다. 김정일은 장마당을 마지못해 눈감아 주는 수준에서 놔두었지만, 김정은은 한 걸음 더 나아갔다. 아예 제도권 안으로 끌어들이려 한 것이다.

'우리식 경제관리 방법'이라는 표현은 그런 맥락에서 등장했다. 평양뿐 아니라 지방의 주요 도시에도 정식 장마당이 세워졌고, 이곳에서는 식량, 의류, 생활용품, 심지어 중국산 전자제품까지 팔렸다. 거래에 현금이 오가는 것은 물론, 미화(달러)나 위안화가 사용되는 모습도 이제는 익숙한 풍경이 되었다. 장마당 상인들은 예전처럼 두려움에 떨지 않았다. 세금을 내고, 사용료를 내면서 국가와 일종의 공존을 이뤘다. "이젠 당 간부들도 시장 덕을 봐요." 한 탈북자는 그렇게 회상했다.

하지만 이 변화가 곧 개혁이나 개방을 뜻하는 것은 아니었다. 김정은 정권은 시장을 일정 부분 허용하되, 정치 권력의 통제 아래에 두려 했다. 기업소마다 '사회주의 기업책임관리제'가 도입되어 생산과 판매의 자율성을 일부 부여받았지만, 그것은 어디까지나 국가의 프레임 안에서만 가능한 자유였다. 말하자면, 경제라는 말에는 '시장'이 들어왔지만, 그 위에는 여전히 '정치'라는 이름의 커다란 지붕이 덮여 있었다.

 이러한 정책은 김정은 정권이 보여 주는 이중적 성격을 잘 보여 준다. 핵무기와 미사일을 통해 외부 세계에 강경한 메시지를 던지는 한편, 내부적으로는 주민들의 생활을 안정시키기 위한 현실적인 조정이 병행되었다. 주민들이 굶주림에서 벗어날 수 있도록 제한된 자율성을 허용하면서도, 체제의 뿌리가 흔들리지 않도록 견고한 통제 구조를 유지했다.

 '우리식 경제관리 방법'이라는 말은 단지 경제 정책을 가리키는 것이 아니었다. 그것은 체제가 생존을 위해 현실과 타협한 결과물이며, 동시에 주민들에게는 어느 정도의 숨통을 트이게 해 준 '절충의 언어'였다. 너무 많이 허용하면 체제가 위험해지고, 너무 억누르면 주민들이 더 이상 버티지 못하는 상황에서 김정은이 선택한 전략이었다.

 그 후 몇 해 동안 북한의 시장 경제는 눈에 띄게 확대되었고, 장마당은 단순한 생계 수단을 넘어 생활의 중심지로 자리 잡았다. 주민들은 여기서 삶을 이어 갔고, 국가도 이를 통해 일정한 수입을 얻었다. 그러나 이 시장이 언제든 다시 봉쇄될 수 있다는 불안감은 여전히 남아 있었다. 북한에서 자유란 언제나 조건부였기 때문이다.

 그럼에도 불구하고 '우리식 경제관리'는 북한의 일상에 현실적인 변화를 만들어 냈다. 물론 그것이 체제의 개방을 의미하지는 않았지만, 분명히 주민들의 삶을 바꾸어 놓았다. 그것이 바로 김정은이 원하는 변화였는지도 모른다. 개혁이라는 말은 쓰지 않지만, 변화를 부정하지 않는 방식. 정치와 생존의 줄다리기 속에서 등장한 이 개념은 앞으로도 북한 경제의 기조로 자리할 가능성이 높다.

- **벼랑 끝에서 손을 내밀다: 평창이 만든 기적 같은 장면**

2017년, 한반도는 마치 마른 들판에 성냥불이 던져지기 직전의 상태처럼 팽팽하게 긴장되어 있었다. 김정은은 미국 본토를 위협할 수 있다는 화성-14형 ICBM 시험 발사에 성공했다고 선언했고, 도널드 트럼프는 "화염과 분노"로 맞받아쳤다. 세계는 숨을 죽이고 두 지도자의 말 폭탄을 지켜봤다. 단 하나의 오판, 단 한 번의 손가락 실수만으로도 전쟁이 일어날 수 있다는 두려움이 서울, 도쿄, 워싱턴, 그리고 평양까지 뒤덮었다.

그러던 어느 날, 전혀 다른 톤의 목소리가 평양에서 흘러나왔다. 2018년 1월 1일, 김정은이 신년사에서 갑작스레 평창 동계올림픽에 대표단을 파견하겠다고 밝힌 것이다. 이 발표는 모두를 놀라게 했다. 미국과 한국의 보수층은 혼란스러워했고, 전 세계는 긴장에서 잠시 벗어나 신중한 희망을 품었다.

며칠 뒤, 더 큰 충격이 뒤따랐다. 북한이 김정은의 여동생 김여정을 고위급 대표단의 일원으로 평창에 보내겠다고 발표한 것이다.

절대 권력자의 여동생이 남한 땅을 밟는다는 사실은 상징 이상의 의미였다. 평창올림픽 개막식 날, 카메라는 김여정의 단정한 미소를 잡아냈고, 그 미소는 곧바로 뉴스 헤드라인을 장식했다.

그녀는 청와대에서 문재인 대통령을 만났다. 김정은의 친서를 전달하며 "오빠께서 대통령을 평양으로 초청하고 싶어 하신다"고 전했다. 문재인의 얼굴엔 잠시 미소가 떠올랐다. 그것은 단지 외교적 제스처가 아니었다. 수십 년간 이어진 적대와 분단, 전쟁의 그림자를 넘어 평화로 나아가겠다는 결심이 담긴 표정이었다. 문재인은 이 기회를 놓치지 않았다. 그는 김정은과 트럼프 사이에서 외교적 다리를 놓기 시작했고, 평창은 그 출발점이 되었다. 이후 남북 고위급 회담, 판문점 정상회담, 그리고 전 세계의 이목이 집중된 북미 정상회담으로 이어지는 일련의 흐름이 그때 시작된 것이다.

평창올림픽은 단순한 스포츠 이벤트가 아니었다. 북한의 예술단이 서울에서 공연을 펼치고, 남북 여자 아이스하키 단일팀이 구성되었으며, 개막식에서는 남북 선수들이 한반도기를 들고 나란히 입장했다. 모두가 꿈처럼 느껴지는 순간들이었다. 탈북민이자 한반도의 과거와 현재를 동시에 바라보는 나로서는, 이 장면들이 기적처럼 보이기도 했고, 동시에 어딘가 쓸쓸했다. 그 깃발 아래 함께 걷는 사람들이 내가 떠나온 고향의 누군가일 수도 있다는 생각이 들었기 때문이다. 물론 국제사회의 반응은 엇갈렸다. 유럽과 유엔은 환영했지만, 미국의 일부 매파들은 경계심을 풀지 않았다. 이들은 북한이 평화 제스처를 통해 제재의 틈을 벌리고, 시간을 벌려는 전략이라고 분석했다. 그러나 한국 정부는 진심 어린 중재를 시도했다. 문재인은 스스로를 "운전석에 앉은 중재자"로 표현했고, 실제로 그는 평창 이후의 모든 대화를 이끌어 내는 데 중요한 역할을 했다.

그러나 나는 한 가지 사실도 잊지 않았다. 김정은의 미소가 언제나 진심만은 아니라는 것. 평화의 메시지 뒤에는 여전히 핵과 미사일, 그리고 권력 유지를 위한 전략이 숨겨져 있었기 때문이다. 그래도 그때의 평창은, 분명히 한반도에 봄을 가져왔던 순간이었다. 그 봄이 얼마나 오래 지속될지는 알 수 없었지만, 적어도 그때만큼은, 모두가 같은 꿈을 꾼 듯했다.

- 하노이: 평화의 문 앞에서 멈춘 발걸음

2019년 2월, 세상의 이목은 베트남 하노이에 쏠려 있었다. 김정은과 도널드 트럼프가 다시 마주 앉는다. 단지 악수만이 아닌, 실질적인 '딜(deal)'이 오갈 것이라는 기대가 가득했다. 평창에서 시작된 남북 해빙, 판문점에서의 극적인 장면, 싱가포르의 첫 북미 정상회담이 이어졌고, 이제는 하노이에서 '결실'을 맺을 차례라는 분위기였다.

그 무렵 나는 뉴스를 하루에도 몇 번씩 확인하곤 했다. 혹시 이번엔, 정말 이번엔 무언가 바뀌는 걸까? "완전한 비핵화"와 "제재 해제"라는 두 단어가 계속 화면 위를 오갔다. 한반도의 운명을 바꿀 수도 있다는 희망과 함께.

김정은은 60시간이 넘는 열차 여정을 감행하며 하노이에 도착했다. 그 열차는 단순한 교통수단이 아니었다. 그것은 '위험을 감수하면서도 결과를 얻겠다'는 메시지였다. 반면 트럼프는 대통령 전용기를 타고 여유롭게 도착했지만, 회담을 앞두고 "급한 합의는 없다"고 선을 그었다.

두 사람은 예상보다 더 자주, 그리고 더 오랜 시간 이야기를 나눴다. 겉으로는 우호적이었다. 웃음도 있었고, 악수도 있었다. 그러나 그 미소 뒤에는 서로가 계산한 수치들이 있었다. 트럼프는 "영변 핵시설 완전 폐기" 이상의 비핵화 조치를 원했고, 김정은은 "가장 아픈 제재들"부터 먼저 풀어 달라 요구했다.

결국, 회담은 결렬되었다. 합의문은 없었다. 기자회견도 급하게 마무리되었다. 트럼프는 "타이밍이 맞지 않았다"고 했고, 김정은은 그 뒤로 한동안 침묵을 지켰다. 회담장이 마련된 메트로폴 호텔의 조용한 복도는, 그날의 공허를 그대로 보여 주는 듯했다. 나는 그 순간을 잊을 수 없다. 평화는 손에 잡힐 듯 가까이 있었지만, 마지막 한 걸음을 내딛지 못했다. 하노이는 그저 또 하나의 장소로 기억되기엔 너무 많은 기대가 실린 도시였다. 그것은 '희망과 실패가 공존한 회담'이었다. 하노이 이후, 북한은 다시 미사일을 쏘기 시작했고, 미국도 더 이상 대화의 여지를 언급하지 않았다.

하노이에서 멈춘 북미 정상의 발걸음은 한반도 평화의 현실을 다시 일깨워 주었다. 말과 이미지가 만든 장면은 많았지만, 행동과 합의는 그만큼 따라오지 않았다. 그리고 그 틈새에서, 다시 냉랭한 기류가 흘렀다.

하노이 회담은 그래서 지금도 이렇게 묻는다.

"말로 만든 평화는 어디까지 갈 수 있을까?"

6

평화와 대결 사이: 김정은의 벼랑 끝 전술

 김정은이 북한의 권좌에 오른 것은 20대 중반이라는 이례적인 나이였다. 당시 많은 이들은 그를 과소평가했다. 준비되지 않은 후계자, 이름만 있고 실체는 없는 지도자라는 인식이 강했다. 그러나 그런 예측은 오래가지 않았다. 그는 짧은 시간 안에 북한 내부 권력을 장악했고, 핵무기 개발을 앞세워 국제사회의 주목을 받기 시작했다. 그의 등장은 단순한 세습이 아니라, 새로운 방식의 리더십 실험이기도 했다.

 김정은의 통치는 한 마디로 요약된다. 공포와 평화, 두 전략을 상황에 맞게 능숙하게 오가는 방식. 그는 자신의 정통성이 약하다는 약점을 잘 알고 있었고, 그것을 보완하기 위해 위협과 긴장을 자산처럼 활용했다.

2010년대 중반, 북한은 연이어 핵실험과 미사일 발사를 감행했다. 이 시기 김정은은 국제사회가 결코 북한을 무시할 수 없게 만들겠다는 의지를 전면에 내세웠다. 미국 본토를 위협할 수 있다는 수준까지 무기 개발을 끌어올렸고, "핵 단추는 내 책상 위에 있다"는 발언으로 미국 대통령의 트위터를 자극했다.

이 모든 행위는 단순한 도발이 아니었다. 협상력을 높이기 위한 수단이자, 북한이라는 체제를 지키기 위한 전략적 행위였다. 그의 공포 정치는 내부를 향해서도 강력히 작동했다. 미국의 위협을 강조하며 외부의 적을 부각시키고, 자신은 '조국의 방패'로서 존재해야 한다는 이미지를 심었다. 공포는 단지 억압이 아니라 결속의 동력으로 기능했다. 주민들은 생존을 위해 체제를 의지할 수밖에 없었고, 그 체제의 중심에는 김정은이 있었다. 그러나 김정은은 이 공포를 한쪽 날개로만 사용하지 않았다. 핵 개발이 정점을 찍은 순간, 그는 극적으로 반대편 날개(평화)를 펼쳤다. 2018년 평창 동계올림픽 참가로 시작된 이 흐름은 곧 남북정상회담, 북미 정상회담으로 이어졌다. 한반도의 분단 이후 전례 없는 장면들이 세계에 생중계되었다. 문재인 대통령과 함께 군사분계선을 넘고, 도널드 트럼프와 악수를 나누며 세계의 헤드라인을 장악했다.

이 평화 제스처는 놀라움과 기대를 동시에 불러일으켰지만, 김정은에게 있어 그것은 감정적 환대의 결과가 아니었다. 평화는 외교의 수단이자 제재를 뚫기 위한 출구 전략이었다. 핵과 위협이 긴장을 극대화했다면, 평화는 그 긴장을 협상의 무기로 바꾸는 카드였다.

그러나 하노이 회담의 결렬은 김정은에게 다시 한 번 현실을 상기시켜 주었다. 외교적 유화만으로는 체제 생존을 보장할 수 없다는 것, 미국은 쉽게 제재를 풀지 않는다는 것, 그리고 북한은 여전히 그 자체로 고립된 경제 구조 속에 있다는 사실이었다. 그는 곧바로 방향을 바꿨다. 군사력 강화로 다시 돌아가며, 협상의 실패를 내부 결속으로 대체했다. 긴장과 완화 사이의 절묘한 조절 능력이 또 한 번 발휘되었다.

이러한 전개는 김정은의 리더십이 단순히 강압적인 통치가 아닌, 정교하게 계산된 전략의 연속임을 보여 준다. 그는 자신의 약점을 알고, 외부 환경을 활용하며, 대내외 메시지를 병행하는 복합 전략을 구사했다. '공포'로 체제를 지탱하고, '평화'로 정당성을 확보하는 이중 전략. 그것은 북한이라는 불안정한 국가를 무너지지 않게 만드는 김정은식 정치공학이었다.

결국 김정은의 리더십은 '양면의 전략'을 통해 완성되었다. 그는 공포를 무기로 삼되, 그것만으로 사람들을 움직이지 않았고, 평화를 이야기하되, 그것에 기대지만도 않았다. 세계는 여전히 그의 다음 수에 주목하고 있으며, 북한 주민들은 오늘도 그가 선택하는 전략의 결과 속에서 하루하루를 살아간다.

우리가 직면한 질문은 여전히 유효하다. 김정은은 다음에도 긴장을 활용할 것인가, 아니면 새로운 평화의 길을 모색할 것인가. 그 선택에 따라, 한반도의 미래는 전혀 다른 궤도를 그리게 될지도 모른다. 김정은은 공포를 정치 도구로 쥐고 있었지만, 곧 그는 전혀 다른 카드를 꺼내 들었다. 그것은 '평화'라는 말과 함께 등장한, 전략적으로 치밀한 유화 제스처였다.

제2장

평화의 얼굴:
올림픽에서
정상회담까지

1

2018 싱가포르: 희망의 시작인가?

- 제네바의 약속, 그리고 무너진 신뢰

1994년 제네바의 한 회의실. 북한과 미국 대표단이 마주 앉아 서로의 요구를 주고받았다. 북한은 핵개발 프로그램을 중단하고 국제 사찰을 허용하겠다고 했고, 미국은 경수로 발전소 제공과 관계 정상화를 약속했다. 이것이 바로 제네바 합의였다. 그때만 해도 모두가 한반도에 평화의 봄이 올 것이라 믿었다.

하지만 미국 내 정치적 변화가 이 합의를 위태롭게 만들었다. 공화당이 장악한 의회는 경수로 건설 비용을 승인하지 않았고, 신뢰는 깨졌다.

북한은 다시 핵 활동을 재개했고, 제네바 합의는 역사 속의 실패한 외교로 기록됐다. 지미 카터 전 대통령은 훗날 이렇게 말했다.

"우리가 한반도의 비극을 막을 기회를 놓쳤다. 정치적 계산이 외교적 약속을 무너뜨렸다." 그로부터 20여 년이 흐른 2018년, 한반도는 또다시 전쟁의 그림자에 잠겨 있었다. 그리고 이번에도 또 하나의 외교적 기회가 찾아오고 있었다.

- 평창의 눈밭 위에서 자라난 외교의 씨앗

2018년 2월, 평창 동계올림픽의 개막식. 전 세계가 한반도기에 덮인 남북 선수단을 바라보며 환호했다. 하지만 그 장면의 이면에서는 치밀한 외교의 설계도가 작동하고 있었다.

문재인 대통령은 평창을 단순한 스포츠 이벤트가 아니라 외교의 지렛대로 설계했다. 그의 목표는 명확했다. 북한을 국제무대에 끌어내어 남북 대화를 재개시키고, 이를 북미 대화로 확장하는 것.

문 대통령과 청와대 외교라인은 김여정 노동당 제1부부장과 정의용 국가안보실장을 매개로 평양과 워싱턴 사이를 잇는 물밑 채널을 만들었다. 결국 평창 이후 김정은의 메시지가 워싱턴으로 전달됐다.

"나는 트럼프 대통령을 만날 준비가 되어 있다."

이 한 줄의 메시지가 거대한 외교의 물결을 일으켰다.

- '화염과 분노'에서 악수까지

그러나 그 길은 순탄하지 않았다. 불과 1년 전만 해도 트럼프는 김정은을 "리틀 로켓맨"이라 조롱했고, "화염과 분노(Fire and Fury)"가 한반도를 덮칠 것이라고 위협했다. 그의 발언은 한때 군사 충돌까지 현실화할 것 같은 공포를 몰고 왔다. 하지만 트럼프는 정치인이라기보다 협상가였다. 그는 북핵 문제를 외교적 난제라기보다 '거래'로 여겼다. 주고받는 것만 명확하면 합의가 가능하다는 계산이었다.

워싱턴의 외교 관료들은 이 접근법에 반대했다. "너무 위험하다.", "북한의 시간 벌기 전술에 이용당할 뿐이다." 하지만 트럼프는 한 치의 망설임도 없었다. 그는 문재인 대통령이 전한 김정은의 초청 의사를 듣고 단 45분 만에 회담 수락을 결정했다.

"나는 다른 사람들과 다르다. 김정은과 직접 이야기해 보겠다."

그의 결정은 워싱턴을 뒤흔들었다. 강경파들은 경악했고, 비판 여론은 거셌다. 하지만 트럼프는 한 발도 물러서지 않았다.

- 외줄 위의 대통령들

나는 이 모든 과정을 보며 세 명의 지도자를 떠올렸다.

과거의 실패를 교훈 삼으려는 문재인,

거래의 감각으로 외교를 설계한 트럼프,

그리고 역사상 처음으로 미국 대통령과 마주 앉을 준비를 한 김정은.

그들은 모두 외줄 위에 서 있었다. 한쪽으로 기울면 협상은 파국을 맞고, 다른 쪽으로 기울면 평화의 문이 열릴 듯한 위태로운 균형이었다.

- 싱가포르로 가는 길목의 끝

2017년 12월, 유엔의 제프리 펠트먼 사무차장은 트럼프의 비밀 메시지를 가지고 평양을 방문했다.

"나는 기꺼이 김정은과 마주 앉겠다."

김정은은 즉답하지 않았다. 하지만 몇 달 후, 정의용 실장을 통해 회담 의사를 전했다. 그리고 2018년 6월 12일, 싱가포르 센토사 섬 카펠라 호텔에서 두 사람은 마침내 마주 앉았다.

그날의 악수는 70년 적대의 시간을 잠시 멈춰 세웠다. 하지만 나는 화면 속 두 사람의 웃음을 보며 이렇게 생각했다.

"이 미소가 한반도의 이정표가 될까, 아니면 또 하나의 사진 속 이벤트로 사라질까?"

트럼프의 외교는 늘 예측불허였다. 그는 외교 문법의 교과서를 찢어 버리고 자신의 방식으로 판을 짰다. 2017년, 그는 한반도를 향해 "화염과 분노(Fire and Fury)"라는 말을 쏟아 냈다. 군사옵션 가능성을 시사하는 그의 발언에 세계는 숨죽였고, 한국과 일본의 시장은 불안에 흔들렸다.

당시 백악관 내부에서도 의견은 갈렸다. 존 볼턴 같은 강경파는 북한을 끝까지 몰아붙여야 한다고 주장했고, 렉스 틸러슨 국무장관은 외교적 해법을 모색해야 한다고 맞섰다. 트럼프는 표면적으로는 볼턴의 목소리에 가까웠지만, 속으로는 계산이 달랐다.

- "나는 다르게 할 거다": 트럼프식 외교의 본질

트럼프는 전통적인 외교관이 아니었다. 그는 외교를 일종의 거래로 봤다. 부동산 재벌 시절처럼 "상대가 원하는 것과 내가 원하는 것을 교환하면 된다"는 단순한 논리였다.

그의 시선에서 북한은 까다로운 상대라기보다 '위험하지만 거래가 가능한 협상자'였다. 트럼프는 자신의 책 《거래의 기술(The Art of the Deal)》에서 이렇게 말한 적이 있다.

"거래에서 중요한 건 두려워하지 않는 것이다. 테이블에 앉아야 기회가 생긴다."

김정은과의 정상회담 제안이 왔을 때도 그의 반응은 전형적이었다. "왜 안 돼? 나는 시도해 볼 거다."

이 한마디가 모든 것을 뒤흔들었다.

- 워싱턴의 경악과 평양의 계산

트럼프의 갑작스런 회담 수락에 워싱턴은 충격을 받았다. 관료들은 회담이 북한의 시간 벌기 전략에 불과하다고 경고했다. 그러나 트럼프는 아랑곳하지 않았다. 그의 참모진이 말린 이유는 간단했다. "정상회담은 마지막 카드"였기 때문이다. 과거 미국은 낮은 수준의 외교관들로 시작해 단계적으로 고위급 회담으로 올라가는 방식을 택했다. 하지만 트럼프는 이 과정을 건너뛰었다. 그에게는 과정보다 결과가 중요했다.

나는 그때 트럼프를 보며 부동산 거래장에서 마주했던 그의 옛 모습을 떠올렸다. 그는 언제나 전광석화처럼 움직였다. 상대를 압도하거나, 회담장을 박차고 나오거나, 기묘한 배짱으로 승부수를 던졌다.
한반도의 운명을 결정할 협상이 그의 손끝에 있었다. 나는 화면 속 트럼프의 표정을 보며 이런 질문을 던졌다.
"그의 거래 본능이 이번에는 평화를 만들어 낼 수 있을까? 아니면 또 다른 실패한 합의로 남게 될까?"

트럼프의 결단은 평양에서도 반향을 일으켰다. 김정은은 남한을 통해 메시지를 보내왔다. "트럼프 대통령을 만날 준비가 되어 있다." 그 말이 트럼프의 귓가에 닿자마자, 그는 거의 본능적으로 회담 수락을 선언했다.
2018년 6월 12일, 두 사람은 마침내 싱가포르 카펠라 호텔에서 마주했다. 전 세계가 지켜보는 가운데 트럼프의 얼굴엔 거래가 성사되기 직전의 부동산 재벌 같은 미소가 떠올랐다.

- 6분의 시차, 두 정상의 첫 악수

싱가포르 센토사 섬의 아침 공기는 습하고 무거웠다. 전 세계의 카메라가 카펠라 호텔의 입구를 향하고 있었다. 먼저 모습을 드러낸 것은 김정은이었다. 오전 8시 59분, 검은 리무진의 문이 열리자 검은 양복 차림의 젊은 지도자가 천천히 내렸다. 그의 표정은 단단했지만, 손끝의 미묘한 떨림이 화면을 타고 전해졌다.

6분 뒤, 도널드 트럼프가 도착했다. 그는 특유의 자신감 있는 걸음으로 호텔 로비로 들어서며 짧은 미소를 지었다. 그리고 9시 05분, 두 정상은 계단 위에서 마주했다. 악수는 정확히 12초 동안 이어졌다. 트럼프가 김정은의 팔을 두드리며 친근함을 연출했고, 김정은은 짧은 미소로 응수했다. 플래시 세례가 쏟아졌다.

"이 한 장면에 70년의 적대가 압축되어 있었다."

나는 그 악수를 보며 한반도의 긴장이 잠시나마 풀리는 듯한 착각을 느꼈다. 하지만 동시에 머릿속을 스쳤다.

"이 손끝의 온기가 과거의 냉기를 녹일 수 있을까?"

악수 후 두 정상은 통역만 배석한 채 단둘이 회담장으로 들어갔다. 긴장한 표정이던 김정은은 첫 몇 마디를 나눈 뒤 조금씩 표정이 부드러워졌다. 트럼프는 다리를 꼬고 앉아 특유의 여유를 보였다. 그는 방에서 나올 때 "매우 훌륭한 대화였다"고 짧게 말했다.

곧이어 확대회담이 열렸다. 마이크 폼페이오 국무장관, 존 볼턴 보좌관, 북한의 김영철 통일전선부장 등 양국 주요 인사들이 동석했다. 양측의 테이블에는 단정히 놓인 생수병과 메모지, 그리고 통역용 이어셋이 보였다. 나는 TV 화면 속 장면을 보며 떠올렸다.

"이 방 안에서는 어떤 말들이 오갔을까? 이들의 표정 뒤에 숨겨진 진짜 의도는 무엇이었을까?"

- 점심 식사와 '더 비스트' 공개의 의미

확대회담 후 양국 대표단은 호텔 레스토랑으로 이동해 점심을 함께했다. 메뉴는 한식과 동남아, 서양식이 조화된 코스였다. 메인 요리가 나오기 전 트럼프가 젓가락을 어설프게 쥐려는 모습이 포착되었고, 김정은은 이를 지켜보며 미묘한 미소를 지었다. 식사 후 두 정상은 짧은 산책을 했다. 이때 트럼프는 김정은에게 미국 대통령 전용차 '더 비스트(The Beast)'의 문을 열어 내부를 보여 줬다.

이 장면은 언뜻 소탈한 연출처럼 보였지만, 외교 전문가들은 이 또한 트럼프식 협상술의 일환이라고 분석했다. "강력한 미국의 상징을 보여 주며 김정은에게 신뢰와 위압감을 동시에 준 것." 나는 그 순간을 보며 문득 이런 생각을 했다.

"트럼프는 외교도, 사진도, 쇼도 모두 거래의 일부로 본 것 아닐까?"

- 합의문 서명식: 체제 보장과 비핵화 약속의 무게

오후가 되자 두 정상은 서명식장에 다시 모습을 드러냈다. 트럼프가 검은색 가죽 커버의 합의문을 펼치고 펜을 들었다. 김정은도 따라 앉았다. 사인하는 동안 두 사람은 몇 마디 나누며 가벼운 미소를 지었다.

합의문에는 "한반도의 완전한 비핵화", "미국과 북한의 새로운 관계 구축", "전쟁포로 및 실종자 유해 송환" 등이 담겼다. 그러나 완전하고 검증 가능하며 불가역적인 비핵화(CVID)는 명시되지 않았다. 이 점은 회담 직후부터 논란이 됐다.

트럼프는 기자회견에서 이렇게 말했다.

"우리는 이제 친구다. 북한의 핵 위협은 끝났다."

하지만 나는 화면을 보며 속으로 되뇌었다.

"종이 위의 서명은 쉽지만, 이행은 언제나 어렵다."

싱가포르의 한낮, 두 남자의 미소는 잠시 세계를 안심시켰다. 그러나 그 미소가 진심인지, 아니면 전략적 포커페이스인지 아무도 확신할 수 없었다. 나는 이 하루를 떠올릴 때마다 이런 질문을 던진다.

"이날의 서명이 한반도의 미래를 바꾼 날로 기록될까? 아니면 사진 속 장면으로만 남을까?" 카펠라 호텔에서의 하루는 그렇게 한반도의 긴 역사 속에 묘한 여운을 남겼다.

- 문재인 대통령과 한국 정치권의 반응

싱가포르 합의가 발표되자 가장 먼저 환호한 곳은 서울이었다. 문재인 대통령은 이를 "지구상 마지막 냉전을 해체한 세계사적 사건"이라고 표현했다. 그의 발언에는 단순한 감격만이 아니라, 지난 몇 달간 외줄타기 외교를 해 온 리더로서의 안도감이 담겨 있었다.

문 대통령은 트럼프와 김정은의 손을 붙잡아 같은 테이블에 앉히기까지 중재자 역할을 자임했다. 그러나 한국 정치권의 반응은 그리 단순하지 않았다.

여당은 "비핵화와 관계 정상화의 첫걸음"이라며 환영했지만, 야당은 합의문에 CVID가 빠진 점을 문제 삼았다. 특히 자유한국당은 이를 두고 "김정은에게 시간만 벌어 준 쇼에 불과하다"고 비판했다.

나는 이 장면에서 한반도 정치의 이면을 보았다. 한쪽은 평화를 기대했고, 다른 한쪽은 경계심을 늦추지 않았다. 이 엇갈린 반응은 이후 몇 년 동안 한국 사회가 한반도 평화 문제를 바라보는 이중적 시선을 예고하는 듯했다.

- 클린턴·카터·시진핑·아베의 평가

미국의 두 전직 대통령도 목소리를 냈다. 빌 클린턴은 "진짜 영웅은 문재인 대통령"이라며 평창올림픽을 통해 분위기를 만든 그의 외교를 높이 평가했다. 하지만 그는 동시에 경고했다.

"북한이 가진 것을 포기하게 하려면 어느 정도의 신뢰와 타협이 필요하다." 지미 카터는 더 직설적이었다. 그는 "공화당이 장악한 의회 속에서도 트럼프가 성과를 낼 수 있을지는 미지수"라며 1994년 제네바 합의의 교훈을 상기시켰다. 아시아 주요국의 반응도 흥미로웠다. 중국의 시진핑은 북미 정상회담을 "중대한 진전"으로 평가하며 외교적 성과를 자신의 전략적 승리처럼 활용했다.

일본의 아베 신조는 신중하게 지지 의사를 표했지만, 일본인 납치 문제를 트럼프가 언급해 준 것에 큰 의미를 부여했다. 나는 이들의 반응 속에서 각국의 속내를 읽었다. 평화를 말하지만, 모두가 자신들의 이익을 계산하고 있었다.

- IAEA·EU의 기대와 경고

국제사회도 환영의 메시지를 보냈다. EU 외교·안보 고위 대표는 "외교의 길만이 항구적 평화를 만든다"고 강조했고, IAEA의 아마노 유키아 사무총장은 "언제든 북한에서 검증 활동을 할 준비가 되어 있다"고 말했다. 하지만 이 환영의 메시지 속에도 경고가 숨어 있었다. 유럽 외교관들은 비공식적으로 "합의문이 구체성이 떨어진다"는 우려를 표했고, IAEA 관계자들도 검증 없는 비핵화 약속은 공허할 수 있다고 지적했다.

나는 이 부분에서 국제사회의 환영과 경계가 동시에 존재한다는 사실을 느꼈다. 싱가포르의 미소가 한반도의 긴 냉기를 녹이려면, 말뿐인 약속이 아니라 구체적 행동이 필요했다. 싱가포르 회담은 전 세계를 들뜨게 했다. 그러나 나는 그날의 뉴스를 보며 떠올렸다.

"사진 한 장은 강력하다. 하지만 진정한 평화는 사진 뒤의 긴 협상과 신뢰 위에 세워진다."

문재인 대통령의 말처럼 이 합의가 한반도에 새로운 역사를 쓸 수 있을까? 아니면 제네바 합의처럼 종이 위의 약속으로 사라질까? 세계는 이제 숨죽이고 지켜보고 있었다. 그러나 안도의 끝에는 늘 긴장이 숨어 있었다. 문재인 대통령이 말한 "새로운 역사"는 과연 실현될 수 있을까? 아니면 또다시 과거로 회귀할 것인가?

이제 우리는 다음 장에서 하노이로 간다.

그곳에서 북미는 더 이상 미소를 나누지 않았다.

2

2019 하노이: 왜 실패했는가?

- 풍계리 핵실험장 폭파와 평양 ICBM 공장 해체

2018년 5월, 북한은 전 세계 언론을 초청해 풍계리 핵실험장을 폭파하는 장면을 공개했다. 굉음과 함께 터널이 무너지고, 한반도 산맥 속에 숨겨진 비밀의 공간이 잿더미로 변했다. 이 장면은 국제사회에 북한의 비핵화 의지를 상징적으로 과시한 이벤트였다.

같은 해 여름, 위성사진은 평양 인근 ICBM 조립 공장의 일부 해체를 포착했다. 바로 2017년 11월, 북한이 화성-15형 ICBM을 조립하고 운송 발사대(TEL)에 실어 시험 발사로 이어졌던 바로 그 공장이었다.

미국 국무부 대변인 헤더 너우트는 이 소식에 신중한 낙관을 보였다.

"검증은 미국 입장에서 명백히 중요한 부분이다. 북한이 국제적 검증을 허용하기를 기대한다." 그러나 '검증'이라는 단어는 이 시점부터 북미 협상의 최대 난제로 부상했다. 미국은 국제 사찰단의 출입을 통한 철저한 검증을 요구했지만, 북한은 이를 '주권 침해'로 간주하며 완강히 거부했다. 그보다 앞서 2018년 5월, 북한은 북미 정상회담을 앞두고 풍계리 핵실험장을 파괴했다.

국제 언론인들을 초대해 터널과 갱도를 차례로 폭파시키는 장면을 연출했다. 마치 평화의 상징처럼 보였다.

미국 NBC는 정보당국의 분석을 인용해 "북한이 여러 비밀 장소에서 핵무기 연료를 생산할 가능성이 있다"고 보도했다. 6월 CNN도 위성사진 분석을 통해 "북한이 핵 연구 시설을 개선했다"고 발표했다.

이에 대해 북한 전문 매체인 38노스는 "새로 지어진 건물은 접대용 소규모 시설에 불과하다"며 과도한 해석을 경계했다. 그러나 한 가지 분명한 것은 풍계리 폭파가 영구적이고 불가역적인 조치(CVID)와는 거리가 있다는 점이었다. 그 여름, 나는 두 개의 이미지가 오버랩됐다.

하나는 평양 근처 미사일 공장이 해체되는 위성사진. 다른 하나는 풍계리 폭파 현장을 바라보는 외신 기자들의 긴장된 표정. 사진 속 김정은의 미소는 여전히 자신만만했다.

"보라, 우리는 약속을 지켰다."

그러나 미국의 시선은 달랐다. 미국의 소리(VOA)는 이를 "북한의 비핵화 조치의 일환"이라고 보도했다. 그러나 미국 정보기관과 전문가들의 분석은 달랐다.

"이 조치들이 영구적이고 불가역적인 것인지 확인할 방법이 없다."

나는 그때 화면을 보며 떠올렸다.

"이것이 진정한 비핵화를 향한 발걸음일까, 아니면 세상을 향한 전략적 쇼일까?"

- 폼페이오 방북과 '갱단 같은 협상' 비판

7월, 마이크 폼페이오 국무장관이 세 번째로 평양을 방문했다. 그는 회담 후 "거의 모든 핵심 쟁점에서 진전이 있었다"고 평가했다. 하지만 북한의 반응은 싸늘했다. 북한 관영 매체는 미국을 향해 "갱단 같은 협상 태도"라고 비판했다. 그들은 미국이 일방적으로 '완전한 비핵화'를 요구하며 체제 안전보장과 상응 조치에 대해서는 무관심했다고 지적했다. 트럼프 행정부 내부에서도 균열이 보였다. 강경파들은 북한의 비핵화 의지에 의문을 품었고, 트럼프는 폼페이오의 네 번째 방북 계획을 돌연 취소했다. 그의 트위터에 올라온 말은 짧지만 날카로웠다.

"북한과의 협상에서 충분한 진전이 없었다." 폼페이오의 방북과 북한의 조립시설 해체, 풍계리 폭파는 긍정적 제스처였다. 하지만 동시에 숨겨진 시설, 의심스러운 활동, 그리고 미국과 북한 간의 불신은 점점 깊어지고 있었다.

2019년, 두 정상은 다시 만난다. 하노이에서.

그러나 이번에는 미소 대신 굳은 표정으로 헤어지게 된다.

싱가포르에서 시작된 드라마의 두 번째 막은 그렇게 막을 내린다.

2018년의 한반도는 역동적이었다. 미소와 불신, 기대와 실망이 교차했다. ICBM 조립시설의 폐쇄와 풍계리 폭파는 평화를 향한 걸음처럼 보였지만, 그 한 걸음 뒤에 도사린 그림자들은 여전히 짙었다.

다시 한번 묻는다.

"싱가포르의 미소는 진정한 시작이었을까, 아니면 길고 긴 외교 게임의 서막에 불과했을까?"

- 검증이라는 벽: CVID 부재 논란과 미국 정보기관의 경고

싱가포르 합의문에는 비핵화라는 단어가 적혀 있었지만, 국제사회가 요구하던 CVID(완전하고 검증 가능하며 불가역적인 비핵화)는 명시되지 않았다. 이 부재는 곧 논란으로 이어졌다. 미국 NBC 뉴스는 정보기관의 보고를 인용해 북한이 "비밀 시설에서 핵무기 연료를 계속 생산하고 있다"고 보도했다. CNN 역시 "북한의 핵 시설 인프라가 업그레이드됐다"고 밝혔다. 평양은 이를 부인했지만,

신뢰의 균열은 점점 깊어졌다.

국제원자력기구(IAEA)는 재차 강조했다.

"검증 없는 비핵화 약속은 공허하다. 우리는 언제든 북한의 검증 활동에 착수할 준비가 되어 있다." 나는 이 시기를 생각할 때마다 한 장의 종이가 떠오른다. 싱가포르에서 두 정상의 서명이 담긴 합의문. 그 위의 잉크는 아직 마르지 않았지만, 이미 균열이 생기기 시작한 듯했다.

트럼프의 거래 본능과 김정은의 전략적 신중함이 맞부딪치는 순간마다, 합의문의 글자들이 조금씩 희미해지는 것처럼 보였다.

"비핵화의 길은 종이 위의 약속이 아니라 행동과 신뢰 위에 놓여 있다."

- 하노이 회담의 전개와 결렬

하노이 협상은 시작부터 삐걱거렸다. 북한은 영변 핵시설의 완전한 폐기를 약속하는 대신, 유엔 안보리의 일부 경제제재 해제를 요구했다. 하지만 미국은 영변뿐 아니라 추가 비밀 핵시설까지 포함한 "완전한 비핵화(CVID)"를 요구했다.

트럼프는 회담장에서 김정은에게 이렇게 말했다고 한다.

"당신은 빅딜을 원하나? 아니면 작은 딜을 원하나?"

김정은은 빅딜을 거부했고, 작은 딜을 위해 제재 해제를 요구했다. 하지만 트럼프는 "영변만으로는 부족하다"고 잘라 말했다. 두 정상의 협상은 마치 평행선을 달리는 기차 같았다. 절대 만날 수 없는 궤도 위에서 돌고 있었다.

- 트럼프의 '워크아웃'과 김정은의 침묵

협상이 교착 상태에 빠지자 트럼프는 결단을 내렸다. 테이블을 박차고 나와 회담장을 떠난 것이다. 그는 이후 기자회견에서 이렇게 말했다.

"때로는 자리에서 걸어나오는 것이 옳은 결정이다."

그 순간 김정은의 반응은 담담했다. 그는 특별한 표정 변화 없이 트럼프의 퇴장을 지켜봤다. 북한 매체들은 이후 며칠 동안 하노이 회담 소식을 전하지 않았다. 그 침묵은 북한 내부에서도 혼란과 당혹감을 반영한 듯 보였다.

나는 이 장면을 떠올리며 생각했다.

"협상의 문은 닫혔는가, 아니면 잠시 멈춘 것일까?"

- 국제사회의 반응과 한국 내 평가

하노이 결렬의 소식이 전해지자 국제사회는 엇갈린 반응을 보였다. 중국은 "대화의 동력을 잃지 말라"며 중재자 역할을 자처했고, 일본은 "비핵화와 납치 문제에 새로운 돌파구가 필요하다"고 했다.

EU는 "검증 없는 합의보다 더 나은 선택"이라고 평가하며 신중한 태도를 유지했다. 한국의 반응은 더 복잡했다. 문재인 대통령은 "협상의 문은 여전히 열려 있다"며 낙관을 잃지 않았지만, 국내 정치권에서는 비판과 실망이 뒤섞였다. 여당은 "쉽지 않은 길이지만 포기할 수 없다"고 했고, 야당은 "하노이 결렬은 북한과의 비핵화 협상이 실패로 가고 있다는 증거"라고 주장했다.

하노이에서의 결렬은 단순한 외교 실패가 아니었다. 그것은 두 지도자의 스타일과 전략, 그리고 국제사회의 기대와 현실 사이의 간극이 드러난 순간이었다.

나는 두 남자가 돌아서는 장면을 떠올린다. 트럼프의 표정은 단호했지만 어딘가 피곤해 보였고, 김정은의 얼굴에는 읽을 수 없는 복잡한 감정이 스쳐 지나갔다.

"평화를 향한 여정은 그렇게 또 한 번 멈췄다. 그러나 멈춘 시계는 언제든 다시 움직일 수 있다."

- 두 번째 악수의 의미

하노이에서 두 정상의 두 번째 악수는 싱가포르에서 보인 미소보다 훨씬 짧고, 훨씬 무거웠다. 그들의 표정에는 낯선 경직이 스며 있었다. 협상이 결렬될 것이라는 기운은 이미 그 악수에 묻어 있었다.

왜 실패했을까? 이유는 단순하지 않다. 트럼프의 협상 방식은 비즈니스적이었다. 그는 큰 거래를 통해 한 번에 결과를 얻어 내려 했다. 반면 김정은은 점진적 비핵화와 단계적 제재 해제를 원했다. 두 전략은 처음부터 평행선을 달렸다. 게다가 두 지도자 모두 국내 정치라는 덫에 걸려 있었다. 트럼프는 워싱턴의 강경파를 설득해야 했고, 김정은은 체제 보장을 확보하지 못한 채 모든 핵을 내려놓을 수 없었다. 서로의 정치적 리스크를 과소평가한 채, 회담장은 기대만큼이나 빠르게 얼어붙었다.

"결국 하노이는 두 지도자가 서로를 향해 던진 질문에 답하지 못한 자리였다."

- 종이 위 약속과 현실의 간극

싱가포르 합의문에는 "한반도의 완전한 비핵화"와 "새로운 북미 관계"가 적혀 있었다. 그러나 그 문구들은 마치 흐릿해진 잉크처럼 현실 속에서는 점점 옅어졌다. 하노이는 그 간극을 여실히 드러냈다. 종이 위 약속은 있었지만, 이행을 위한 구체적 로드맵은 없었다. 검증 메커니즘(CVID)은 합의문 어디에도 명시되지 않았고, 제재 해제와 안전보장을 둘러싼 양측의 해석 차이는 좁혀지지 않았다.

나는 그날의 결렬을 떠올리며 이런 생각을 했다.

"외교는 종이에 서명하는 것이 아니라, 신뢰를 쌓아 가는 고된 과정이다. 그 신뢰가 없을 때 종이 위 약속은 허공의 글자일 뿐이다."

- 두 번째 악수의 이면

싱가포르의 첫 악수는 세계를 흥분시켰다. 그러나 하노이의 두 번째 악수는 오히려 세계를 침묵시켰다. 사진은 찍혔지만, 그 사진 속의 두 남자는 더 이상 같은 미래를 바라보지 않았다.

트럼프에게 하노이는 "나쁜 거래를 거부한 용기"였고, 김정은에게는 "상대방의 진의를 다시 묻는 자리"였다. 그러나 한반도에는 다시 냉기가 돌았다.

나는 묻고 싶었다.

"두 번째 악수는 실패의 상징일까? 아니면 언젠가 세 번째 악수를 위한 필요조건이었을까?"

하노이는 끝이 아니라 과정일 수 있다. 역사는 종종 실패 위에 다음 성공을 쌓아 올렸기 때문이다.

3

판문점의 극적인 순간

- 38선 너머 첫 발걸음: 역사적 장면

2019년 6월 30일, 전 세계 뉴스 화면이 한반도의 군사분계선에 집중됐다. 판문점에서 도널드 트럼프 미국 대통령과 김정은 북한 국무위원장이 나란히 걷고 있었다. 이 장면은 그 자체로 역사였다. 현직 미국 대통령이 분단의 상징인 38선을 넘어 북한 땅을 밟은 것은 처음이었다.

트럼프는 약간 과장된 듯한 제스처로 김정은을 향해 손을 내밀었고, 김정은은 짧게 웃으며 그 손을 잡았다. 군사분계선을 넘는 트럼프의 발걸음은 느리고 신중했다.

"이곳을 밟게 될 줄은 상상도 못했다."

트럼프의 이 한 마디는 즉흥적이면서도 역사적 순간의 무게를 반영했다. 김정은 역시 "깜짝스러운 제안이었다"며 미소 지었다. 하지만 두 사람의 얼굴에는 여전히 지난 협상의 상처가 남아 있었다.

- 문재인의 중재와 트럼프·김정은의 미소

이 극적인 만남의 무대 뒤에는 문재인 대통령의 치밀한 외교적 조율이 있었다. 그는 하노이 결렬 이후 꽉 막힌 북미 관계의 돌파구를 만들기 위해 끊임없이 양측에 메시지를 전달했다.

트럼프의 트윗 한 줄이 그 불씨가 됐다.

"김정은 위원장, DMZ에서 만날 수 있겠습니까?"

문재인은 남북미 세 정상이 판문점에서 마주 앉는 그림을 그리고 싶어 했다. 그러나 북미의 이해관계가 복잡하게 엇갈린 상황에서 그는 한 발 물러선 듯하면서도 양측을 연결하는 '숨은 중재자' 역할을 해냈다.

트럼프와 김정은의 미소는 사진 속에 오래 남았다. 그러나 그 미소 뒤에는 계산된 전략과 치열한 셈법이 숨어 있었다.

- 다시 열린 대화의 창과 남겨진 숙제

판문점 회동은 북미 대화를 다시 궤도에 올린 듯 보였다. 트럼프와 김정은은 비핵화 협상 재개에 합의했고, 트럼프는 "몇 주 안에 실무 협상이 열릴 것"이라고 말했다. 하지만 기대는 오래가지 않았다. 실무 협상은 지지부진했고, 북한은 미국의 '창의적인 제안'을 요구하며 협상장에서 일방적으로 떠났다.

"우리는 미국의 시간 벌기 전술에 더 이상 속지 않을 것이다."

- 북한 외무성

판문점에서 열린 대화의 창은 완전히 닫히지는 않았지만, 열려 있는 틈 사이로 차가운 한반도의 공기가 스며들고 있었다.
나는 이 장면을 떠올리며 생각했다.
"역사적 첫발은 찍혔다. 그러나 그 발자국 위에 평화의 길을 이어갈 사람은 누구일까?"

- 분단의 선을 넘는다는 것

38선을 넘는 발걸음은 상징적이었다. 그러나 나는 그 발걸음이 가지는 진짜 의미를 묻고 싶었다.
"한 번의 발걸음이 70년의 적대를 지울 수 있는가?"
"아니면 또 하나의 정치적 이벤트로 사라질 뿐인가?"
트럼프의 발은 북한 땅에 찍혔다가 이내 돌아섰다. 하지만 그 짧은 순간만큼은 한반도가 하나의 공간으로 보였다.

- 세 번의 북미 정상회담이 남긴 것들

2018년 싱가포르, 2019년 하노이, 그리고 같은 해 판문점. 세 번의 북미 정상회담은 한반도의 역사를 다시 쓸 것처럼 보였다. 두 지도자가 마주 앉아 악수하는 모습은 적어도 그 순간만큼은 전쟁과 긴장을 뒤로한 평화를 상징했다. 싱가포르 회담은 역사적 첫 만남의 설렘을, 하노이 회담은 협상의 냉혹한 현실을, 그리고 판문점 회동은 멈춘 시계가 잠시 움직이는 듯한 환상을 남겼다.

하지만 세 번의 회담이 남긴 성과는 상징적 차원을 넘지 못했다. 합의문에 담긴 "완전한 비핵화"는 구체적 이행 계획 없이 공허했고, 제재 해제와 체제 보장이라는 북한의 요구도 실현되지 않았다.

나는 이 과정을 지켜보며 한 가지를 깨달았다.

"정상회담은 시작일 뿐이다. 외교의 진짜 싸움은 테이블을 떠난 뒤에 시작된다."

- 새로운 협상의 가능성과 한계

2020년 이후, 북미 대화는 사실상 중단되었다. 그러나 완전히 문이 닫힌 것은 아니다. 북한은 미국에 "창의적 해법"을 요구했고, 미국은 여전히 "완전한 비핵화"를 원한다. 양측 모두 협상의 필요성을 부인하지는 않았다. 하지만 장애물은 여전히 높다.

북한의 핵 프로그램은 계속 진화했고, 미국의 국내 정치 상황도 북핵 문제를 우선순위에서 밀어냈다. 무엇보다 서로에 대한 신뢰의 결핍이 문제였다. 국제사회도 신중하다. 중국과 러시아는 북한의 입장을 일정 부분 옹호하며 제재 완화를 주장하지만, 일본과 EU는 "검증 없는 비핵화 합의는 무의미하다"는 기존 입장을 고수한다.

- 명암(明暗)의 경계에서

세 번의 회담은 한반도에 두 개의 얼굴을 남겼다.

하나는 냉전의 잔해 위에 잠시 피어난 희망의 얼굴, 다른 하나는 구체적 행동 없이 사라진 미소의 얼굴이다. 나는 문득 이런 질문을 던진다.

"한반도 평화 프로세스는 실패한 것일까, 아니면 진행 중인 것일까?"

외교는 결과보다 과정에서 빛난다. 때로는 실패가 다음 시도의 초석이 되기도 한다. 한반도의 미래도, 이 명암이 교차하는 경계 위에 서 있다.

겉으로는 평화의 제스처를 취하며 국제사회와의 거리를 좁히려 했지만, 정작 내부에서는 완전히 다른 현실이 펼쳐지고 있었다. 그중 가장 상징적인 사건은 바로 '화폐개혁'이었다.

제3장　장마당의 눈물: 화폐개혁과 무너진 신뢰

1

국제사회의 경제적 압박

2016년 봄, 평양의 장마당 한편 구석. 낡은 천막 아래 좌판 하나를 펼쳐 놓고 중국산 비누와 양말 몇 켤레를 조심스레 진열하는 김옥희(가명) 씨는, 그날도 오전 내내 손님 한두 명을 간신히 상대할 뿐이었다. 몇 년 전까지만 해도 이 정도 품목은 장사로 괜찮은 편에 속했지만, 요즘은 달랐다. 사람들이 지갑을 열지 않았다. 열고 싶어도 여유가 없었다. 가격이 올랐기 때문이었다.

그날 오후, 물건을 떼어 주던 중간 상인이 김 씨를 찾아왔다. 그는 고개를 푹 숙인 채, 주변을 살피더니 조용히 말했다. "이제 중국에서 들어오는 물건도 얼마 안 남았소. 곧 가격이 더 오를 거요. 혹시… 달러 좀 있소?" 김 씨는 그 말에 순간 얼어붙었다. 달러? 북한 돈으로도 생계를 잇기 벅찬데, 외화라니 말도 안 되는 소리였다. 하지만 그녀는 상인의 말을 대수롭지 않게 넘기며 웃었다. '설마 그렇게까지 되겠어?' 그러나 그 웃음은 불과 한 달도 지나지 않아 완전히 사라졌다.

쌀값은 두 배로 뛰었고, 식용유나 세숫비누처럼 생활에 꼭 필요한 물건들은 장마당에서 하나둘 자취를 감추기 시작했다. 손님들은 시장에 나와도 돈을 쓰지 못했다. 오랜 시간 망연히 물건만 바라보다 결국 빈손으로 돌아가는 모습이 흔해졌다.

그해 여름이 지나면서 김 씨는 더 이상 웃지 않았다. 그녀가 장마당에서 느낀 변화는 단순한 '물가 상승'이 아니었다. 그것은 삶의 줄기가 끊어져 나가는 고요한 파괴였다.

국제사회의 대북제재가 본격화되자, 가장 먼저 타격을 받은 건 군사나 관료가 아니었다. 바로 김옥희 씨처럼 하루 벌어 하루를 사는 평범한 주민들이었다. 이들에게 제재란 '경제적 압박'이 아니라 곧장 식탁 위의 쌀을 빼앗고, 장마당의 물건을 사라지게 하고, 자식의 약을 구하지 못하게 하는 보이지 않는 전쟁이었다.

김 씨는 훗날 한국에 정착해 한 인터뷰에서 이렇게 말했다. "그땐 진짜 하루하루가 지옥 같았어요. 쌀값은 뛰고, 아이들 옷은 살 수 없었고요. 그래도 장마당엔 나가야 했죠. 그게 아니면 굶어 죽으니까요."

장마당은 북한 주민들에게 단순한 '시장'이 아니었다. 국가가 포기한 삶의 공간을 대신 채워 주던 마지막 생존 통로였다. 배급은 오래전에 끊겼고, 직장은 월급 대신 출근 도장을 찍는 장소로 전락한 지 오래였다. 그래서 사람들은 장마당에서 살고, 장마당에서 버텼다.

하지만 그 장마당마저 흔들리기 시작했다. 중국에서 들어오던 생필품이 끊기고, 물류와 환율이 요동치면서 장사마저 '돈이 안 도는 구조'가 되었다. 유엔 제재 결의의 한 줄 한 줄이 현실에 적용될 때마다, 북한의 장마당은 점점 조용해졌고, 사람들의 얼굴은 점점 굳어졌다.

벽은 점점 높아졌고, 그 안의 사람들은 점점 더 고립되었다. 국가는 체제를 지켰지만, 사람들은 스스로의 생존을 책임져야 했다. 그리고 그 생존의 마지막 공간이 장마당이었다면, 이제는 그 장마당조차 더 이상 안전하지 않게 되었다.

'보이지 않는 전쟁'은 여전히 계속되고 있다. 총소리 하나 들리지 않는 전장 한복판에서, 김옥희 씨 같은 사람들은 오늘도 비누 몇 개를 팔기 위해 천막을 펼친다. 그리고 속으로 묻는다. "내일은… 버틸 수 있을까?"

2

민심의 반응: 외화에 대한 신뢰 폭등

- 화폐개혁의 후과

화폐개혁 이후, 10만 원이 하루아침에 천 원짜리로 변하고 사람들은 당장 내일 어떻게 살아가야 할지 막막해했다. 소식이 빠른 무역업자들이나 당간부, 고위층들은 이미 달러나 위안으로 교환했으나, 많은 북한현금을 보유하고 있었던 서민들은 손을 써 보기도 전에 화폐개혁이 끝나버림으로써 집에 그대로 쌓아 놓고 있는 상태에서 휴지조각장으로 되어 버렸으며 결국 서민들은 완전히 몰락했다.

화폐개혁 이후 압록강과 두만강에는 구권지폐들이 떠다녔다. 사람들은 모두 화폐를 강에 버리고 그 강물에 빠져 자살했다. 대대적인 저항이 일어났다. 상품가격들이 앞으로 어떻게 제정될지 갈피를 잡을 수 없는 상태에서 모든 상점들은 당분간 문을 닫았고 시장에서는 상품들이 고갈되어 상품 판매는 중단되고 말았다. 평양시 당 책임비서 김만길이 주민들 앞에서 사과하고 모든 상업 활동을 재개해 달라고 호소했지만 아무 소용이 없었다. 북한 주민들의 공개적인 반발에 김정일은 크게 놀라지 않을 수 없었다.

 북한 지도자의 말 한마디에 벌벌 기던 주민들이 화폐개혁으로 인해 집단적으로 저항할 줄은 그 누구도 상상을 못했던 것이다. 국내 상황이 주민 소요로 전환될 수 있다는 위험성을 간파한 북한 국가안전보위성은 김정일에게 전반적 국내 상황에 대한 자료를 종합하여 보고를 드렸고 그와 관련한 실무적인 대책을 세워 나갔다.

 지난 시기처럼 통제와 압박의 방법부터 완화정책까지 주민들을 어루만지면서 사회질서를 유지하기 위해 온갖 권모술수를 써 가면서 갖은 발악을 다했다. 반면 내부적으로 주민 통제를 강화하면서 당분간은 집단모임을 삼가도록 조직적인 조치까지 취하는 행동도 서슴없이 감행하였다.

 며칠이 지나자 또 다른 소문이 퍼져 나갔다. 신권의 발행과 함께 이제는 달러를 비롯한 외국 화폐 사용을 금지한다는 뜬금없는 소문을 퍼뜨렸다. 수십 년 당의 명령과 지시에 불복종을 모르고 살아온 북한 주민들인지라 이번에는 달러를 무효화 한다는 헛소문을 듣고는 달러를 들고 외화 상점으로 달려 나와 정신없이 온갖 물건들을 구매하였다. 외화 상점들에서는 갑자기 냉장고를 비롯해 세탁기며 선풍기들이 품절되고 매장에는 상품들이 텅텅 비어 있었다. 사람들이 정신을 미처 차리기도 전에 이번에는 원화가 추락하기 시작했다.

끝없이 끝없이.

이제는 우리가 해 먹을 쌀도 떨어졌다. 쌀을 구매해야겠으나 파는 사람도 없었다. 하는 수 없이 철도보위부에서 국제열차를 타는 보위원에게 중국 돈을 주어 쌀을 들여오게 하였다. 고난의 행군 시기에도 미국과 합세한 반동세력들 때문에 나라가 허리띠를 졸라매게 되었으며, 국제적인 식량 지원도 받을 수 없게 되어 나라가 고난의 행군을 겪을 수밖에 없다는 말로 북한 인민들을 설득했지만, 이번 화폐개혁은 사정이 달랐다.

화폐교환으로 생긴 혼란을 미국 놈들에게 돌릴 수가 없었다. 북한 정부는 바닥을 친 자기들의 신뢰를 회복하기 위해 제물이 필요했고 바로 박남기가 선택된 것이라는 것을 북한 주민들은 모두 알고 있었다. 화폐개혁의 실패로 사람들은 오직 주인인 자신들만이 자기 운명을 지킬 수 있고, 생활을 개척해 나갈 수 있다는 철학적 원리를 다시금 깨닫게 되었다. 이제는 주민들이 달러를 모든 것의 기준점으로 두었으며 달러에 대한 애착심은 조국애를 훨씬 뛰어넘었다. 사람들은 국내 화폐가 조금 모이면 바로 달러로 교환했다.

화폐교환에서 이미 손해를 본 옆집 할머니는 끝내 교환 마지막 날 외화상점으로 달려가 3백 달러로 냉장고를 샀다. 결국 전기 공급이 끊기면서 그 냉장고는 찬장이 되고 말았다. 옆집 할머니뿐 아니라 많은 사람들은 앞으로 외화를 쓰지 못한다는 소문을 듣고 외화상점으로 달려가 자신에게 필요한가 생각할 사이도 없이 달러를 던져 버리듯 물건을 마구 사들였다. 결국 화폐교환 기한의 마지막 날에는 평양시의 거의 모든 상품이 텅텅 비는 사태가 발생했다. 화폐교환을 통해 강제로 끌어내린 국정 가격으로 모든 식당에서는 한동안 공짜나 다름없는 식사를 할 수 있었다. 만 원은 훌쩍 넘기곤 하던 한 끼 식사가 단돈 몇십 원으로 해결되다니! 믿기지 않는 현실에 너도나도 어리둥절했다.

하지만 시장원리를 무시하고 억지로 끌어내린 신화폐의 환율이 시장의 자기 가치를 찾아 다시 오르기까지는 그리 긴 시간이 걸리지 않았다.

- 정권에 대한 신뢰도 약화

2008년 6월 18일, 김정일은 6.18 담화를 발표하여 시장은 필요하지만, 시장경제는 자본주의의 온상을 규정하고, 개혁 철회를 공식적으로 천명하였다. 2008년 8월, 김정일이 뇌졸중으로 쓰러지면서 본격적인 시장 단속은 잠시 미뤄졌으나 김정일의 건강이 회복되면서 다시 반시장 개혁 조치의 시행은 초읽기에 들어갔다. 김정일은 돈벌이의 폐해를 지적하면서 뙈기밭 회수, 종합시장 단속 등의 반시장 정책을 계속 지시하였으며 이는 당중앙위원회 재정계획부장 박남기가 주도한 재앙적인 화폐개혁으로 정점을 찍었다.

화폐개혁의 파급 효과는 그 상상이었고, 김영일은 2010년 1월 31일, 평양인민문화궁전에 인민반장 수백 명을 소집하여 내각 총회를 열고 반개혁조치와 화폐개혁의 부작용에 대해서 사과하며 "화폐교환 이후 새해 초까지 국영상점 판매가격이 잘못 제정돼 인민들의 생활에 혼란과 불안정성을 주었다"고 사회 혼란 책임을 인정한 후 "3개월만 기다려 달라, 이제 쌀이 풀린다. 좀 참아 달라"고 요청했으나 지방 배급은 여전히 전망이 불투명하였다.

화폐개혁은 시장을 중심으로 주민들의 엄청난 반발을 불러왔다. 북한 인민보위성의 모든 일력이 주민통제에 나섰고 국가안전보위부와 보위사령부, 모든 조선인민군 부대에 비상대기령이 발령됐다. 국경 연선들에서도 마찬가지로 환율폭등과 상품거래에 무질서가 조성되었으며, 국가가 제정하는 공식된 수출입 가격의 합의가 이루어지지 않아 무역일군들이 도저히 중심을 잡을 수 없었다. 성격이 거친 일부 청년들 속에서는 보안원(경찰)들에게 시비를 거는 등 민심이 흉흉했고 보안원을 쏘아 죽이는 사건까지 일어났다.

신의주에서는 "집집마다 실신 상태에 빠진 주민들의 통곡소리도 그치지 않고, 부부간 싸움이 나는 가정들도 많다.", "담당 보안원들과 보위지도원들이 싸움을 하거나 소란스러운 집들마다 찾아다니며 문을 두드리고 있지만 사람들이 응대조차 하지 않는다."는 증언이 나왔으며 돈을 마대 자루에 담아 쓰레기로 버리거나 강이나 하천 등에 뿌려 버리거나 심지어 불에 태워 버리는 경우도 비일비재했다. 돈에는 김일성이 그려져 있어서 함부로 얼굴 부분을 접거나 훼손할 경우 중죄임에도 불구하고 이랬다. 가장 중요한 문제는 화폐교환 이전까지만 해도 주로 시장 상인 계층에 국한되었던 정권에 대한 반감이 북한 일반 서민들을 비롯한 북한 사회 전반적 일반 계층들에게까지 확산되었다는 것이다.

당장은 북한에서 시장 상인들이 몰락하고 일반 주민들의 임금이 껑충 뛰어올라 좋아했는데, 화폐개혁 후 3일이 지나서부터는 물가가 미친 듯이 올라서 정부가 시행하였다는 화폐개혁은 서민들에게는 아무런 효과나 의미가 없었다. 특히 북한 정부는 화폐교환을 실시하면서 주민들에게 "이제 정부에서 상품을 대량으로 풀 테니까 돈을 쓰지 말라고 가지고 있으라"는 유인선전에 농락당해 오직 당만을 믿고 평생 살아온 주민들은 그대로 믿고 상품이 국영상점에 가득 차 있기를 손꼽아 기대하며 새 화폐를 가지고 있다가 결국 그것마저 휴지종이 조각이 되고 말았다.

일찍이 교환 초기에 싼 물가로 구입한 사람들만 이득을 보았고 정부를 믿고 끝까지 돈을 쥐고 있던 사람들은 말 그대로 눈 뜨고 코 베인 꼴이 되었다. 결론적으로 화폐개혁은 그나마 서민들이 생존을 유지하며 살아가던 장마당 경제를 파탄 냈고 빈부격차를 하늘과 땅 차이 수준으로 벌려 놓았다.

애초에 중앙당 간부나 돈주들은 위안화나 달러를 많이 보유했기 때문에 별로 경제적 손실은 없었으나 장마당에서 돈 좀 벌어먹던 장사꾼들은 그동안 쌓은 자본을 하루아침에 날려 먹었다. 그 여파는 장마당 폐쇄로 이어졌고, 쌀값이 폭등하자 제일 먼저 경제적 타격을 입는 대상이 일반 서민이었다. 이제는 북한 주민들조차도 정부의 정책이나 방침에 외면하는 위험한 상황에 직면하게 되었다.

북한 권력층도 위기를 느꼈는지 박남기 재정계획부장에게 책임을 뒤집어씌워 해임한 다음 총살했으며 박남기를 처형한 뒤에는 [혁명대오에 잠입한 대지주의 아들로서 계획적으로 국가경제를 파탄으로 끌고 갔다.]고 발표했다. 한 탈북자는 북한 내부 강연에서 화폐개혁으로 인민경제가 20년 후퇴했다며 시인했다고 증언했다.

2010년 4월 9일 김영일 총리는 최고인민회의 12기 2차 회의에 출석하여 경공업과 농업에 박차를 가해 인민소비품과 알곡 생산을 비약적으로 늘리고, 인민경제의 기술 개건과 현대화를 다그치자고 호소하였으나, 김정일의 속마음은 화폐개혁의 실패에 대한 희생양이 필요했던 것이다. 결국 2010년 6월 7일에 개최된 최고인민회의 12기 3차 회의에서 김영일 총리에게 책임을 물어 해임하고 말았다.

이 사태는 "보이지 않는 손(수요와 공급의 법칙)"과 "보이는 정부의 주먹(계획경제체제와 화폐개혁)" 간의 대결을 잘 보여 주었다. 그 결과는 당연히도 보이지 않는 손의 승리였다. 보이지 않는 손도 가만히 보이지 않게 내버려 두면 문제가 발생할 수 있지만 북한이 주도한 정부의 주먹은 애초에 물자가 부족한 북한의 현실상 적용되기 부적절한 조치였고, 거기에 북한도 주먹구구식의 행정 오류를 저질러 댔으니 처음부터 정해진 대결이었다. 이 대결에 애꿎은 북한 주민들만 희생되며 정부에 대한 불만도 점점 높아져만 가자 북한도 위기의식을 느끼고 외화 사용이나 시장 개설을 허용하는 등의 소극적인 조치를 취하고 있다.

　북한 당국은 국영상점을 통한 유통망과 회복에 주력했으나 식량과 지속적인 물품 공급이 이루어지지 않아 생필품 공급에 실패하였다. 막대한 돈을 벌어들인 시장상인들이 화폐교환 조치로 상당한 재산손해를 보았고 중국과의 무역거래에 큰 지장을 초래하였으며, 소매상인들 역시, 물가폭동에 장사 밑천이 떨어져 장사를 중단하고 물가 폭등으로 물건 사는 주민들이 없어 시장거래가 크게 위축되었다.

　어차피 북한이라는 나라가 늘 그렇듯 경제 안정이 목적이 아니라 정치적 통제가 목적인지라 제대로 된 경제학자의 조언을 받았을 리는 없고 그냥 어설프게 계획을 만들어 화폐개혁을 감행했기 때문에 발생한 결과일 뿐이다. 이런 결과는 북한이라는 나라의 특성상 이미 예견된 것이었다.

김정일은 김일성종합대학 경제학과를 졸업했으며 따라서 이런 어이없는 사태를 실수로 저질렀을 가능성보다는 아예 처음부터 인민에게 채찍을 들이대는 게 목표였을 가능성이 높다. 현재까지 북한의 경제는 계획과 시장경제가 혼잡된 상태에서 좌초된 태풍을 만난 선박처럼 중심을 잃고 파도 위에서 헤매고 있다. 최근에 북한당국이 지난해 12월 중으로 화폐교환한다는 여론이 퍼지며 달러와 국돈을 바꾸겠다는 주민들이 급증했기 때문이다. 북한 당국의 내부문서에 따르면 김정은 정권은 "나라의 환율 안정을 저해하는 불법행위에 맞서 싸우자"고 강조하며 위기감을 드러냈다. 특히 당과 안전보위기관은 대규모 환전을 통해 환율 안정성을 훼손시키는 행위를 '역적 행위'로 간주하며 강력히 단속할 것을 명령했다. 평안남도의 한 소식통은 "지난해 12월 평성시장에서 달러 환율이 1달러에 4만 원, 장마당 환율은 1달러에 3만 8천 원까지 급등하면서 민심이 들끓었다"고 언급했다.

이어 "새해 들어 당국이 인민반회의에서 화폐교환 여론이 유언비어라고 포치 하면서부터 시장 환율이 1달러에 2만 2천까지 내려갔다가 1만 6천 원까지 내려가면서 식량가격도 내려가고 있다"고 말했다. 하지만 주민들 속에서 "화폐교환을 안 한다면서 환율급등부터 막아 민심불안을 잠재운 다음 화폐교환을 강행하려는 게 아니냐는 의심스럽다는 목소리가 나오고 있다"고 말하고 있다.

함경북도의 다른 한 주민 소식통은 9일 "당국이 화폐교환은 헛소문이라며 주민들을 달래고 있지만 물품 가격상승에 놀란 일부 상인들이 상품을 팔지 않고 있다"고 말하면서 주로 콩기름, 사탕가루(설탕) 등의 식료품과 자동차와 오토바이 부속품 타이어 등의 품목을 쌓아 놓고 있다고 말했다.

그는 "돈 있는 사람들이 우려하는 부분은 당국이 주민들이 가지고 있는 돈을 빈 종잇장으로 만들기 위해 2009년처럼 또 오그랑수(속임수)를 쓰지 않을까 하는 것"이라며 "시장을 가리켜 자본주의 서식장, 개인주의 온상이라고 하는 북한당국이 시장을 통해 돈을 번 사람들을 걱정해 줄 이유가 없다는 건 누구나 가지고 있는 생각"이라고 언급했다. 그러면서 "매일같이 오르는 물건 가격으로 모두가 울상"이라며 "돈 있는 사람은 가진 돈을 잃을까 걱정하고 돈 없는 일반 주민은 물품 가격이 어디까지 오를지 걱정하며 근심과 걱정으로 하루하루를 보내고 있다"고 덧붙였다.

몇 달 지나자 장마당은 사실상 외화 거래 중심으로 전환되었다. 결국 국가는 시장 통제를 강화하려 했으나 사경제 영역 통제에 실패했다.

돈주들은 외화 자산에 투자하거나 현물(쌀, 금, 부동산)에 분산 투자를 시작하여 외화 안정화에 들어서기 시작하였다.

북한의 2009년 화폐개혁은 당초 국가가 시장을 장악하고 부를 재분배하려는 시도였지만, 결과적으로는 북한 주민들이 국가 화폐를 근본적으로 불신하게 만든 전환점이 되었다. 이후 장마당은 더욱 외화 중심, 사적 자본 중심으로 돌아섰고, 이는 김정은 집권 이후 '우리식 경제관리방법'이나 '돈주의 체제 내 협력 유도'라는 새로운 전략에도 적지 않은 영향을 미쳤다.

화폐개혁으로 모든 가격이 물리적으로 낮아졌지만, 주민 불신이 심화되면서 몇 달 만에 가격과 환율이 개혁 전 수준을 뛰어넘는 인플레이션이 발생하였고, 이후 장마당에서는 암묵적으로 외화 기준 가격이 사용되기 시작하였다.

- 유엔 북한인권조사위원회 COI 보고서(2014.)

"화폐개혁 이후 가족이 한순간에 무산자가 됐다."

"장마당에선 조선 돈을 받지 않으려고 해서, 중국 돈을 써야 밥을 살 수 있었다."

"개혁 이후 한동안 장마당에서 폭동에 가까운 혼란이 있었고, 군대가 출동하기도 했다."

- 탈북민 구술 자료(DailyNK · 북한인권정보센터 등)

"내가 평생 장사해서 모은 돈이 휴지처럼 됐다. 정말 죽고 싶었다."

- 2010년 탈북, 여성, 함경북도

"그때 이후로 우리 가족은 달러랑 위안화를 장롱에 넣고 살았다. 조선 돈은 믿을 수 없다."

"돈주는 자산을 땅·금·외화로 전환해 국가 통제를 회피했다."

처음에 사람들은 아무도 몰랐다. 장마당에서 조금씩 물건이 줄어드는 게 일상의 변덕처럼 보였다. 평양 출신 탈북민 이수진(가명)도 그랬다. 좌판마다 진열되던 중국산 비누와 싸구려 장난감들이 하나둘 사라질 때도 그는 크게 신경 쓰지 않았다. "그때는 그냥 그런가 보다 했어요. 설마 그렇게까지 될 줄은 몰랐죠." 그러나 며칠 뒤, 상인들이 내뱉은 한 마디는 그녀의 세상을 송두리째 뒤흔들었다.
"이제 인민폐도 말고, 달러만 받겠소."
그 말이 장마당을 지배했다. 북한 돈은 이미 힘을 잃어 가고 있었다. 사람들이 평생을 모은 돈뭉치는 이젠 종잇조각 취급을 받았다. 상인들은 기름 한 통, 쌀 한 포대를 내놓으며 오직 달러나 위안화를 요구했다. 외화가 없는 사람들은 눈앞에 놓인 식용유를 바라보다가 고개를 떨구고 돌아섰다. 장마당은 북한 주민들의 생명줄이었다. 국가의 배급제는 이미 오래전에 무너졌고, 주민들은 장마당 없이는 하루도 버티지 못했다. 쌀 한 톨, 비누 한 개, 아이들의 연필 한 자루까지 모두 장마당을 거쳐야 손에 넣을 수 있었다. 하지만 유엔 제재가 국경을 봉쇄하자 중국에서 들어오던 생필품의 길목이 막혔다. 좌판 위에 놓인 물건들은 점점 귀해졌고, 기름 한 통, 의약품 한 병의 가치는 순식간에 금값이 되었다.

사람들의 표정도 변했다. 예전에는 흥정하며 주고받던 웃음소리가 있었지만, 이제는 긴장과 불안만이 감돌았다. 누군가는 가족을 살리기 위해 집안의 마지막 재산을 들고 나왔고, 누군가는 어린 자식의 옷을 팔아 외화를 마련했다. 그 와중에도 보위부 요원들은 시장을 오가며 눈을 부릅뜨고 있었다.

아무도 감히 크게 말하지 않았다. 한 마디 잘못하면 시장 한복판에서 잡혀갈 수 있다는 걸 모두 알고 있었다.

"그때부터는 시장에 가는 게 두려웠어요." 이수진은 나중에 그렇게 말했다. "혹시 돈이 모자라 쌀을 못 사면 어떡하나, 보위부 눈에 띄면 어떡하나… 늘 심장이 쿵쾅거렸죠."

하지만 두려움 속에서도 사람들은 장마당을 떠날 수 없었다. 그것이 유일한 생존의 터전이었기 때문이다. 북한 돈이 아무 가치도 없어진 세상에서, 사람들은 달러 몇 장을 구하기 위해 몰래 장사에 나섰고, 국경지대에서는 목숨을 걸고 밀수가 이루어졌다. 생존을 위한 몸부림이었다.

이처럼 장마당은 더 이상 물건을 사고파는 단순한 공간이 아니었다. 그것은 굶주림과 죽음 사이에서 간신히 버티는 주민들의 마지막 희망이자, 제재의 칼날에 맞서 싸우는 조용한 전장이었다.

- **데이터로 본 압박의 실체**

숫자는 차갑다. 하지만 그 차가운 숫자들이 의미하는 것은 너무나 인간적인 고통이었다.

2017년 이후, 북한의 연간 대중(對中) 무역액은 55억 달러에서 2억 달러로 급전직하했다. 한순간에 96%가 증발한 것이다. 이 거대한 공백은 곧장 평양의 장마당으로, 함흥의 주방으로, 그리고 신의주의 허기진 아이들 곁으로 스며들었다.

2018년, 평양과 신의주에서는 쌀값이 1년 만에 250%나 뛰었다. 예전에는 하루 벌어 하루 먹던 이들이 그나마 쌀 한 되를 사곤 했지만, 이제는 옥수수로 끼니를 때워야 했다. 더는 옥수수마저 구할 수 없을 때, 사람들은 산에서 나무껍질을 벗기고 풀뿌리를 캐서 삶았다.

장마당의 휘발유 가격은 리터당 5,000원에서 15,000원으로 뛰었다. 평범한 주민들에게 기름은 이미 사치품이 되었다. 그 대신 숯을 연료로 삼아 트럭을 움직이는 기발한 생존법이 등장했다. 그러나 그것도 부유한 몇몇 상인들의 이야기였다. 대부분의 사람들은 겨울에도 난방 없이 추위를 견뎌야 했다.

이 모든 변화는 조용히, 그러나 무자비하게 일어났다. 사람들은 더 이상 신문에 나오는 정치 구호에 귀 기울이지 않았다. 대신 오늘 장마당에 쌀이 들어왔는지, 기름값이 또 올랐는지에 온 신경을 집중했다.

〈표 2〉 주요 경제 지표 변화(제재 전후 비교)

항목	제재 전 (2016년)	제재 후 (2018년)	변화율
대중(對中) 무역액	55억 달러	2억 달러	약 96% 감소
쌀 가격(평양·신의주)	기준치	기준치 × 2.5배	약 250% 상승
휘발유 가격(리터당)	5,000원	15,000원	3배 상승

수치는 말없이 잔혹했다. 무역액 96% 감소라는 숫자는 사실 한 마을의 공장이 멈추고, 노동자들이 해고되어 장마당으로 몰려드는 것을 의미했다. 쌀값 250% 상승은 아이들이 학교에 가지 못하고, 부모가 풀뿌리와 나무껍질로 연명식을 만들게 했다는 뜻이었다. 휘발유 가격의 세 배 상승은 교통수단의 마비로 이어졌고, 사람들은 겨울에도 자전거와 손수레를 끌며 수십 킬로미터를 걸어야 했다.

평양 출신 탈북민 이수진(가명)은 그 시기를 이렇게 회상했다.

"시장에 가면 기름이 없어서 장사꾼들이 트럭 대신 손수레를 썼어요. 사람들도 차를 못 타니 몇 시간씩 걸어 다녔죠. 겨울에는 어린애들이 추위에 떨다가 길바닥에 쓰러지기도 했어요."

데이터는 말하지 않는다. 그러나 그 속에는 배고픔에 잠 못 이루던 밤들과 보위부의 감시를 피해 숨어드는 어머니들의 발자국 소리가 있었다. 차갑고 무심한 숫자들이 사실은 한 사회의 숨소리이자 비명이었다.

삶은 끈질겼다. 아무리 옥죄어도 사람들은 살아남기 위해 길을 찾았다. 그러나 그 길은 평탄하지 않았다. 유엔의 제재가 북한의 동맥을 끊고, 장마당의 숨통까지 조이자, 사람들은 다시 생존을 위한 원초적인 방식으로 돌아갔다.

평양 외곽의 산길에는 사람들이 몰려들었다. 산에서 자생하는 약초를 캐고, 나무껍질과 풀뿌리를 모았다. 약초는 시장에서 비싼 값에 팔려 외화를 마련할 수 있는 몇 안 되는 품목이었다. 그러나 산을 오르내리며 약초를 캐는 일은 중노동이었다. 굶주린 배를 움켜쥔 채 몇 시간씩 산을 헤매던 이들은 종종 탈진해 쓰러지곤 했다.

어떤 이들은 목숨을 걸고 밀수에 뛰어들었다. 국경 근처에서 소량의 쌀이나 의약품을 들여오는 일은 항상 보위부의 감시와 마주해야 했다. 한번 걸리면 정치범 수용소로 직행이었지만, 그것밖에 길이 없었다. 심지어 기름 한 통을 들여오기 위해 밤새 압록강을 건너는 사람들도 있었다. 장마당에서는 또 다른 기발한 생존법이 등장했다. 휘발유가 금값이 되자 일부 상인들은 숯을 태워 만든 가스를 연료 삼아 트럭을 움직였다. 숯연료 트럭은 검은 연기를 내뿜으며 장마당까지 물건을 나르곤 했다. 하지만 이런 발상을 실행에 옮길 수 있는 사람들은 극소수였다. 대부분은 그런 자본도 기술도 없었다.

대부분의 주민들은 하루 두 끼로 식사를 줄였다. 고기는 사치품이었고, 밥상 위에는 풀뿌리와 옥수수죽만 올랐다. 이웃의 아이들은 얼굴이 홀쭉해지고, 어느 집에서는 며칠째 불이 켜지지 않았다.

탈북민 최영화(가명) 씨는 그 시절을 떠올리며 조용히 말했다.

"그때는 누가 먼저 굶어 죽을까 눈치 싸움 같았어요. 이웃집에선 며칠째 불이 안 켜졌고, 나중에 보니 온 가족이 굶어 죽었더라고요."

시장에서도 사람들의 표정은 무거웠다. 쌀 한 되를 사기 위해 줄을 선 사람들 가운데 누군가는 이미 며칠째 굶주린 얼굴이었다. 쌀이 떨어졌다는 소식이 돌면 사람들은 절망한 채로 좌판 앞에서 발길을 돌렸다.

삶을 이어 가는 것 자체가 투쟁이었다. 보위부의 감시와 굶주림 사이에서, 사람들은 오늘 하루만이라도 버티자고 마음속으로 중얼거렸다. 총성이 울리지 않는 전쟁. 하지만 그 전쟁은 너무도 길고 잔인했다.

- 정권의 대응과 불안 - 마지막 한 줄기 희망

제재가 가혹해질수록 북한 정권은 국제사회가 아니라 주민들을 향해 화살을 돌렸다. 북한의 거리마다 커다란 현수막이 걸렸다. "적대세력의 경제 침략을 분쇄하자!", "우리의 힘으로 고난을 돌파하자!" 단단한 서체로 적힌 구호들은 외부의 적을 향해 날을 세우고 있었지만, 그 구호의 진짜 대상은 내부의 불만이었다.

라디오와 TV에서는 하루가 멀다 하고 방송이 흘러나왔다.

"지금의 어려움은 적대세력의 교활한 책동 때문이다. 조국의 존엄을 지키기 위해 우리 스스로 자력갱생해야 한다."

그러나 주민들은 이미 그 말의 공허함을 알고 있었다. 공장에서 원자재가 끊겨 기계가 멈추고, 장마당에서 생필품이 사라지는 현실 앞에서 "자력갱생"이라는 말은 허공에 흩어지는 메아리에 불과했다.

정권은 더욱 예민해졌다. 장마당에서는 보위부 요원들이 사람들의 눈빛까지 감시했다. 누군가 시장에서 푸념이라도 하면, 다음 날 그 사람은 모습을 감췄다. 공포가 스며들면서 사람들은 서로의 입술을 조심했다. 친구 사이에도, 이웃 사이에도 말수가 줄었다.

탈북민 박진희(가명)는 그 시절을 떠올리며 조용히 말했다.

"시장에서는 말조심을 해야 했어요. 물건이 없다고 한탄한 말 한마디에 끌려간 사람이 있었거든요. 그다음부터는 다들 속으로만 욕했죠."

공포 정치는 공개 처형으로까지 이어졌다. 밀수꾼이나 외화 거래자가 붙잡히면 장마당 한복판에서 사람들을 모아놓고 총살하거나 교수형에 처했다. 군중 앞에서 고개를 떨구고 있는 죄인의 모습, 그리고 그 옆에서 차갑게 표정을 감춘 보위부원들. 아이들까지 그 장면을 지켜봐야 했다. 그러나 정권은 멈추지 않았다. 주민들에게 고난의 행군 시절을 떠올리게 하며 이렇게 외쳤다. "우리는 고난 속에서 더욱 강해졌다. 이번에도 반드시 버텨 낼 것이다." 하지만 주민들의 눈빛은 공포와 피로로 가득했다. 더는 버티고 싶지 않다는 눈빛이었다.

밤마다 집집마다 불이 꺼진 마을 위로 군홧발 소리가 울려 퍼졌다. 누가 밀고했는지 모를 사건으로 한밤중에 끌려가는 이웃의 발걸음. 사람들은 숨죽이며 다짐했다.

'오늘은 우리 집 차례가 아니기를.'

제재와 배급제의 붕괴, 보위부의 감시와 공포 속에서도 사람들은 여전히 장마당으로 모였다. 아니, 그곳에 모일 수밖에 없었다. 생존을 위해서는 어떤 방법이든 찾아야 했기 때문이다.

평양 외곽에서 장사를 하던 박영자(가명)는 기억했다.

"시장은 죽지 않았어요. 오히려 그때 더 강해졌죠. 물건은 줄어들고 가격은 올랐지만, 사람들은 어떻게든 거래를 이어 갔어요. 몰래 숨어서 외화를 바꾸고, 중국 쪽과 연락해서 필요한 걸 들여오기도 했죠. 그게 아니면 다 굶어 죽었을 거에요."

뒷문 거래와 밀수가 성행했다. 보위부의 눈을 피해 밤마다 국경을 넘는 사람들이 있었다. 작은 쌀 포대 하나, 기름통 하나라도 들여오기 위해 목숨을 걸었다. 그 물건들이 장마당에 풀릴 때면 사람들은 안도의 한숨을 쉬었다. 그것이 북한 주민들이 다시 숨을 쉴 수 있는 유일한 공간이었다. 시장에서는 또 다른 작은 혁신들이 일어났다. 연료가 귀해지자 숯연료 트럭이 등장했고, 송전이 끊기자 태양광 패널이 팔리기 시작했다. 가정용 소형 태양광 패널은 어느새 장마당의 인기 품목이 되었고, 전기가 들어오지 않는 밤마다 작은 LED 전등이 집집마다 켜졌다. 사람들은 굶주림 속에서도 빛을 만들어 냈다.

어린아이들조차 장사에 나섰다. 학교를 그만두고 장마당에서 물건을 나르거나 자잘한 장난감을 팔았다. 생존은 이제 어른들만의 몫이 아니었다. 모두가 생존의 경제에 참여했고, 그 덕분에 북한 사회는 완전한 붕괴를 면할 수 있었다.

외부에서 바라본 북한 경제는 차가운 통계로만 표현되었다. 수출 90% 감소, GDP 하락, 극심한 인플레이션. 하지만 그 수치 속에는 보이지 않는 경제의 맥박이 있었다. 그것은 장마당이었다. 단순한 시장이 아니었다. 그것은 사람들이 서로를 살리고, 가족을 지키고, 하루하루를 버텨 내는 생명의 터전이었다.

어떤 이는 이렇게 말했다.

"장마당은 우리의 생명줄이었어요. 정권이 아무리 옥죄어도, 거기서만큼은 우리가 스스로 살아 있다는 걸 증명할 수 있었죠."

북한 주민들의 삶은 쓰라렸다. 하지만 그 삶 속에서 묵묵히 이어진 거래와 손길들이야말로 이 나라의 진짜 심장이었다.

3

"자력갱생"의 허상

해방 직후(1945년 이후) 자력갱생은 일제 식민지배에서 벗어난 직후, 자주적인 경제 재건을 위한 구호로 제시된 구호이다.

"우리는 남의 도움 없이 우리 손으로 나라를 다시 세운다."

그 이후 1950년대 후반~1960년대: 소련·중국과의 갈등 이후, "사회주의적 자립 경제 건설" 강조하다가 주체사상의 핵심 경제노선으로 정착되었다. 1980년대에는 외부 지원 감소와 경제 침체 속에서, 점차 "자력갱생"이 현실성을 회피하는 구호로 변질되었다.

2012년 이후 김정은은 자력갱생을 지속적으로 강조하였다.

예: 2016년 7차 당대회, 2020년 8차 당대회, 코로나 이후 국경 봉쇄 기간 "우리는 우리의 힘으로 살고 싸운다!"

하지만 실상은?

경제는 제재, 코로나 국경봉쇄, 무역 중단 등으로 극심한 위축이 되었고, 결국 내부 물자조달도 장마당·돈주 의존이 더 커지는 결과를 초래했다. 자력갱생의 허구는 또한 농업·전력·건설·의료 등 모든 분야가 외부 기술과 물자에 의존하는 수입 체계에서 벗어나지 못한 데로부터 그 허구성이 낱낱이 드러났다.

〈표 3〉 북한의 자력갱생 구호와 실제 현실

항목	자력갱생 구호	실제 현실
생산수단	국산화, 국산 기술 강조	공업용 설비·부품 수입 의존, 국산화 실현에 한계 존재
농업	자체 비료·종자 생산 강조	중국·러시아 원조 없는 식량 자급이 어려움
무역	대외의존 탈피	외화 확보를 위해 대외 무역 필수
기술	독자 개발 강조	실상은 러시아·중국 기술 복제 또는 수입
대중 동원	사상투쟁으로 어려움 극복	민심은 생계 중심, "고난의 행군"식 동원에 피로감

제재가 북한을 옥죄자, 김정은 정권은 새로운 구호를 들고 나왔다. "자력갱생"이었다. 국경이 막히고 외부 물자가 차단된 상황에서 주민들에게 스스로 살아남을 길을 찾으라고 독려하는 메시지였다. 국영 방송과 신문에서는 연일 이 구호를 반복했다. "우리의 힘으로!", "적들의 제재를 웃음으로 이기자!" 화면 속에서 젊은 대학생들

이 모여 "국산화 연구 토론회"를 열고, 농장 노동자들이 주먹을 불끈 쥐고 "결사의 각오"를 외쳤다. 하지만 카메라가 꺼진 후의 북한은 달랐다.

현실은 "자력갱생"이라는 단어가 지니는 자긍심과는 거리가 멀었다. 공장은 멈춰 섰다. 원자재와 연료가 끊기자 기계들은 녹슬어 갔고, 노동자들은 더 이상 출근할 이유가 없었다. 협동농장도 마찬가지였다. 비료와 농기계 연료가 부족해 삽과 괭이로 밭을 일구는 구시대적 풍경이 다시 나타났다. 그곳에서 주민들은 묵묵히 고개를 숙였다.

평양 출신 탈북민 최진호(가명)는 그 시절을 이렇게 회상했다.

"자력갱생이라고요? 말은 거창했죠. 실제로는 고철을 주워서 녹이고, 연료가 없으니 숯을 태워 트럭을 돌렸어요. 대학생들은 연구토론회라지만, 공책에 연필로 쓴 메모 몇 장뿐이었어요. 과학기술 발전은 고사하고, 그냥 어떻게든 살아남자는 몸부림이었죠."

주민들에게 자력갱생은 선택이 아니었다. 그것은 국가가 더 이상 책임지지 않겠다는 선언과도 같았다. 배급제는 이미 오래전에 붕괴했고, 이제 사람들은 장마당에 나가서 스스로 쌀과 옥수수를 구해야 했다. 그러나 장마당조차 제재로 옥죄어오자, 생존을 위한 몸부림이 더 거세졌다.

공포는 불안과 함께 스며들었다. 주민들은 이 구호의 진짜 의미를 알았다. 그것은 정권의 무능을 덮는 가면이었다. 아무리 배가 고 파도 누구도 함부로 말할 수 없었다. 시장에서 "언제까지 버텨야 하 나"라는 푸념 한 마디가 보위부의 귀에 들어가면 그 길로 끌려갈 수 있었다.

김정은의 연설은 이렇게 끝맺었다. "우리는 고난 속에서 강해진 민족이다. 이번 고난도 우리를 더욱 위대하게 만들 것이다." 그러나 주민들의 눈빛에는 피로와 절망만이 서려 있었다. 누구도 더 강해 지길 원하지 않았다. 그들은 그저 굶주림 없는 평범한 하루를 원했 을 뿐이었다.

- 협동농장의 비명

비가 내리지 않던 여름, 협동농장의 땅은 갈라진 채 벌어진 틈새 로 바람만 스며들었다. 트랙터는 이미 몇 달째 서 있었고, 기름통은 바닥을 보인 지 오래였다. 대신 농민들은 낡은 삽과 괭이를 들었다. 새벽부터 해질 무렵까지 맨손으로 흙을 일구었다. 그러나 메마른 땅은 쉽사리 열매를 내주지 않았다. 이명숙(가명)은 함경북도의 협 동농장에서 일하던 노농이었다. 그는 그 시절을 이렇게 떠올렸다.

"우리 손으로 삽질해서 뭐라도 해 보자고 했지만, 마음 한구석에 선 다들 알았어요. 이건 희망이 아니라 고난의 연장이란 걸요."

"자력갱생"이라는 구호는 스피커에서 하루 종일 흘러나왔다. 하지만 그 말은 이미 농민들에게 비웃음거리가 되어 있었다. 누구도 소리 내어 반박하지 못했지만, 사람들의 눈빛에는 뚜렷한 체념이 깃들어 있었다. 한 농민은 삽을 내려놓고 이렇게 중얼거렸다.

"이제 고난의 행군도 지겹다. 자력갱생? 결국 우리더러 굶어 죽으라는 말이지."

논밭 사이로 불어오는 바람에는 절망의 냄새가 섞여 있었다.

- 멈춰 선 공장, 떠도는 노동자들

평양 외곽의 한 트랙터 공장은 한때 수백 명의 노동자들이 드나들던 곳이었다. 그러나 원자재가 끊기고 전력 공급이 불안정해지자 기계는 점점 느려지더니 결국 멈췄다. 굴뚝에서 피어오르던 연기는 사라졌고, 거대한 공장 건물은 차갑게 식어 갔다.

김철수(가명)는 10년 동안 이곳에서 일했다. 그는 공장이 멈춘 날의 광경을 아직도 기억한다.

"그날도 출근했어요. 하지만 기계는 멈춰 있었고, 공장장은 우리를 불러 모아 구호를 외쳤죠. '동무들, 자력갱생으로 위기를 돌파합시다!'

그 구호가 공허하게 울리는 동안, 사람들은 속으로 생각했어요. 대체 어떻게?"

노동자들은 점점 공장에 나오지 않았다. 생계를 이어 가기 위해 장마당으로 흘러들어 갔고, 일부는 국경지대로 향했다. 가족을 먹여 살리기 위해 밀수에 뛰어든 이도 있었다. 그러나 누구나 알고 있었다. 그것조차도 쉬운 일이 아니라는 것을.

"자력갱생이니 뭐니 말은 번지르르했죠. 하지만 실제론 우리가 알아서 살아남으란 소리였어요. 국가는 더 이상 우리를 책임지지 않았거든요." 김철수의 목소리에는 씁쓸함이 묻어 있었다.

- 대학생들의 연극 같은 토론회

텔레비전 화면 속 대학생들은 활기찼다. 국산화 연구 토론회라는 이름의 행사에서 이들은 마치 북한의 미래를 설계하는 듯한 표정을 지었다. 카메라가 돌아갈 때마다, 한 명이 나서서 "우리의 힘으로 새로운 기술을 개발하자"고 외쳤다. 그러나 토론회에 참석했던 탈북민 박현수(가명)는 그 웃음이 연극이었다고 말한다.

"다들 시켜서 앉아 있었을 뿐이에요. 공책에 몇 줄 적고, 돌아가서 아무 일도 안 했죠. 한 학생이 '숯으로 트럭 돌리면 되겠다'고 했을 때는 모두 웃었어요. 그 웃음은 희망이 아니라 절망에 가까웠습니다."

학교 캠퍼스에서도 분위기는 무거웠다. 학생들은 "자력갱생"이라는 단어가 선전용임을 알고 있었다. 하지만 아무도 그 사실을 입 밖에 내지 않았다. 보위부의 귀는 어디에나 있었다. 속으로만 중얼거렸다. "자력갱생? 배가 고픈데 무슨 자력갱생이야."

　결국 학생들도 장마당에 나가야 했다. 연구실 대신 시장 좌판에서 생필품을 팔며 살아남았다. 그리고 매일 스스로에게 물었다. 이 모든 게 정말 고난 속의 강인함을 만드는 과정인지, 아니면 서서히 목숨이 꺼져 가는 길인지.

- 통계로 드러낸 허상

　자력갱생이라는 구호 뒤에 숨겨진 현실은 통계에서도 여실히 드러났다. 2018년, 북한의 곡물 생산량은 전년도 대비 20% 감소했다. 주요 농작물의 생산량은 고난의 행군 시기였던 1990년대 후반 수준까지 떨어졌다. UN 식량농업기구(FAO)는 보고서에서 이렇게 경고했다.

　"북한의 식량 부족은 제재와 자연재해의 이중 타격으로 심각한 수준에 도달했다. 인구의 40% 이상이 만성적인 영양실조 상태다."

　또한 에너지 부문에서도 위기가 깊어졌다. 2019년 기준 북한의 연간 원유 및 정제유 수입은 제재 전의 15% 수준으로 줄어들었다. 전력 부족으로 지방의 병원과 학교는 겨울철 난방을 포기해야 했다. 이로 인해 함경북도 일대에서는 한파로 인한 사망자가 속출했다는 소문이 돌았다.

　이 모든 통계는 차갑고 무심했다. 그러나 그 속에는 장마당에서 쌀 한 되를 사기 위해 줄을 서는 사람들의 긴장된 눈빛과, 매일 밤 어두운 집 안에서 아이를 끌어안고 잠드는 부모의 한숨이 담겨 있었다.

〈표 4〉 실상을 보여 주는 통계수치

지표	제재 전 (2016년)	제재 후 (2018~2019년)	변화율	현실 속 의미
연간 곡물 생산량	약 550만 톤	약 440만 톤	약 20% 감소	식량 부족 심화, 주민 40%가 영양실조 상태
대중(對中) 무역액	약 55억 달러	약 2억 달러	약 96% 감소	장마당 생필품 급감, 물가 폭등
원유 및 정제유 수입량	연 50만 톤 이상	연 8만 톤 이하	약 85% 감소	전력 부족으로 병원·학교 난방 중단
쌀 가격 상승률 (평양·신의주)	기준치	기준치의 약 2.5배	약 250% 상승	서민층 생계 압박, 하루 두 끼로 식사 줄이기
휘발유 가격 (리터당)	약 5,000원	약 15,000원	약 3배 상승	교통 마비, 숯연료 차량 등장

- 냉소와 두려움, 꺼지지 않는 생존의 불씨

국제사회에서는 북한의 "자력갱생" 구호를 두고 엇갈린 평가가 나왔다. 미국과 유럽 언론은 이를 "체제 유지용 정치 선전"으로 규정했다. 한 미국 국무부 관리는 이렇게 말했다.

"자력갱생은 북한 정권이 주민들에게 희망 대신 고통을 강요하는 방식이다. 제재로 체제가 무너지는 대신, 주민들의 삶이 무너지고 있다."

반면 일부 개발도상국 출신 전문가들은 다른 시각을 제시했다. 그들은 북한이 외부 의존도를 낮추려는 자구책으로 자력갱생을 내세운다고 평가했다. 그러나 이마저도 현실과 괴리된 이상에 불과하다는 데에는 대부분 의견이 일치했다.

한 유엔 대북제재 전문가 패널은 보고서에서 이렇게 적었다.

"북한의 자력갱생 정책은 일시적인 고난 극복을 위한 도구가 아니라, 외부와의 단절을 정당화하는 정치적 수단으로 전락했다."라고…

그러나 북한 주민들에게 국제사회의 논의는 아무런 위로도 되지 않았다. 그들에게 남은 것은 "오늘 하루를 어떻게 버틸 것인가"였다.

장마당에선 여전히 사람들이 몰래 거래를 했다. 외화가 없으면 물건을 살 수 없었고, 물건을 사지 못하면 굶어야 했다. 상인들은 장마당 구석에서 속삭였다.

"달러 있어? 위안화라도 돼?"

한편, 일부 주민들은 여전히 고개를 빳빳이 들었다. 굶주림 속에서도 살아남기 위해 무엇이든 했다. 폐지 더미에서 고철을 모으고, 숯으로 트럭을 움직이며, 국경 너머와 은밀히 연락을 주고받았다.

탈북민 이수진(가명)은 이렇게 말했다.

"그때도 사람들은 포기하지 않았어요. 장마당만큼은 우리가 스스로 세운 세상이었죠. 정권이 옥죄어도 거기서만큼은 숨 쉴 수 있었어요."

유엔 대북제재 패널 보고서가 발표되던 날, 뉴욕의 회의실은 차분했지만 그 공기 속에는 무거운 긴장감이 배어 있었다. 한 패널 위원이 단호하게 말했다.

"북한의 자력갱생 담론은 더 이상 실질적 경제 전략이 아닙니다. 그것은 외부와의 단절을 정당화하는 정치적 수단으로 전락했습니다."

회의실 구석에 앉은 외교관들은 노트북을 두드리며 통계를 정리했다. GDP 하락률, 무역 감소율, 식량 부족률… 그 모든 숫자들은 마치 정밀한 수술 도구처럼 북한을 해부하고 있었다. 그러나 그곳에 있는 누구도 장마당 한복판의 아이를 떠올리지는 못했다.

그 시간, 평양의 장마당 구석에서는 은밀한 속삭임이 오갔다.

"달러 있어? 위안화라도 돼?"

좌판 위에는 소량의 쌀과 비누 몇 개가 놓여 있었고, 사람들은 말없이 줄을 서 있었다. 보위부의 감시가 느껴졌다. 두 명의 남자가 시장 입구를 지켜보고 있었고, 상인들은 그들의 시선을 피하기 위해 최대한 작은 목소리로 흥정을 했다.

탈북민 최영화(가명)는 그 시절의 공기를 잊지 못한다.

"시장에 가면 숨이 막혔어요. 언제 보위부가 들이닥칠지 모르는 긴장감… 그런데도 우린 거기서 살길을 찾아야 했어요."

그날 시장 한복판에서 한 아이가 갑자기 쓰러졌다. 깡마른 팔과 다리가 떨리며 땅바닥에 힘없이 누워 있었다. 주위 사람들이 순간 숨을 죽였다. 누군가 달려와 아이를 일으켰지만, 아이는 이미 의식이 희미했다.

"쌀이 없으면 그 아이도, 우리도 끝이에요."

최영화의 목소리는 낮고 떨렸다. 주변의 시선들은 차가웠지만, 그 속에는 연민과 두려움이 함께 섞여 있었다. 누구나 알고 있었다. 내일은 그 아이가 아니라, 내 자식일 수도 있다는 사실을. 뉴욕의 회의실에선 여전히 논쟁이 이어졌다. 한 유럽 외교관은 말했다.

"제재는 효과를 보고 있습니다. 북한 경제는 마비 상태입니다."

그러나 그 마비 상태의 한복판에서도 사람들은 여전히 살아남기 위해 발버둥치고 있었다. 장마당의 공기에는 절망과 함께, 꺼지지 않는 생존의 의지가 스며 있었다.

- 뉴욕의 유엔 회의실

긴 테이블을 사이에 두고 세계 각국의 외교관들이 앉아 있었다. 회의실의 공기는 차갑고 건조했다. 한 미국 외교관이 마이크에 대고 선언했다.

"북한의 자력갱생은 실패했습니다. 우리는 강력한 제재로 체제를 무너뜨릴 수 있습니다."

유럽과 일본의 대표들은 고개를 끄덕였고, 중국과 러시아는 여전히 신중한 표정을 감추지 못한 채 앉아 있었다. 그들의 시선에는 복잡한 이해관계가 얽혀 있었다.

장마당 경험이 있는 주민들일수록 "자력갱생"을 국가가 아닌 개인의 노력으로 인식하고 있다.

> "자력갱생? 장사꾼들이 국경에서 짐 지고 물건 날라서 시장 돌리는 걸 정부가 자력갱생이라 부르더라."
>
> - 일부 탈북민 증언

국가 주도의 자력갱생은 실제로 현실 기반을 상실한 수사에 가까워지고 있다. 그들에게 북한은 지구본 위의 작은 점에 불과했다. 하지만 그 점 속에서, 지금 이 순간도 사람들이 삶과 죽음 사이를 오가고 있었다.

- 허상의 구호-희망의 불씨

자력갱생은 더 이상 실질적 전략인가, 상징적 수사인가?

- 김일성 시대: 외부 지원을 일부 받으면서도 실질적 자립 의지가 있었음.

- 김정일 시대: 경제난 속에 자력갱생이 버티기 논리로 변질됨.
- 김정은 시대: 외부와의 연결 없이 자력갱생은 경제 회생 수단이 되기 어려운 구조임에도 여전히 정권 정당화 수단으로 반복.

결과는 북한에서 "자력갱생"은 여전히 체제 유지를 위한 핵심 구호지만, 경제적 실효성은 갈수록 낮아지고 있으며, 오늘날에는 주민에게는 '허상', 지도부에는 '정당성 수단'에 가까운 개념이 되었다고 평가할 수 있다.

"자력갱생"이라는 구호는 하루에도 몇 번씩 확성기를 통해 울려 퍼졌다.

"우리는 우리의 힘으로 이 고난을 돌파할 것이다!"

마을 광장마다 붉은 글씨로 적힌 구호가 붙어 있었다. 그러나 주민들은 더 이상 그 말에 웃지도 않았다. 오히려 고개를 숙이고 묵묵히 하루를 견뎠다. 그들의 손은 고철을 모아 화덕을 만들고 있었고, 숯으로 트럭을 움직이고 있었다.

장마당에서는 손바닥만 한 태양광 패널이 팔리기 시작했다. 전기가 끊긴 밤마다 그 작은 패널로 켠 희미한 전등 불빛이 가정집 창문마다 번졌다. 그것은 약한 빛이었지만, 아이들이 밤마다 깜깜한 방에서 울던 날들에 비하면 축복이었다.

탈북민 박진희(가명)는 말했다.

"전기가 없어서 아이들이 칠흑 같은 방에서 울었어요. 그런데 장마당에서 태양광 패널을 사다 전등을 켰죠. 그 희미한 빛 하나가 그렇게 고마울 줄은 몰랐어요."

뉴욕의 보고서 속 차가운 통계와 달리, 평양의 장마당에는 여전히 소리가 있었다.

"쌀 사려면 달러 있어야 돼요."

"위안화라도 돼요?"

낮은 목소리로 오가는 속삭임. 그것이 북한의 진짜 경제였다.

국제사회는 북한을 제재로 멈춰 선 국가로만 보았다. 하지만 그 내부에는 여전히 포기하지 않는 사람들이 있었다. 고난 속에서도 길을 찾는 사람들, 이웃과 함께 나누며 겨우 숨을 이어 가는 사람들.

이수진은 마지막으로 이렇게 말했다.

"우린 늘 말했어요. 배급도 없고, 도움도 없지만… 그래도 장마당만 있으면 살 수 있다고. 그곳은 우리만의 생명줄이었어요."

"자력갱생"이라는 거창한 말 뒤에는 거대한 공허가 있었다. 하지만 그 공허를 채운 것은 주민들의 힘이었다. 고철로 만든 화덕, 숯으로 달리는 트럭, 장마당의 속삭임… 그것들이야말로 북한 사회를 지탱한 진짜 심장이었다. 그리고 그 심장은 오늘도 고요히, 그러나 힘차게 뛰고 있었다.

4

외교 실패가 만든 내부 고통

하노이 결렬 이후, 대북 제재는 풀리지 않았고 '자력갱생'의 허상은 공포 정치로 바뀌었습니다. 현실과 선전 사이의 간극은 무너진 다리처럼 주민들의 삶을 처참하게 갈라놓았습니다. 이 챕터는 북한 내부 문건과 선전, 그리고 탈북민들의 증언을 절반씩 병치해 그 간극의 폭을 있는 그대로 드러냅니다.

- 희망의 서막, 절망의 시작

"위대한 김정은 동지의 용맹한 외교 앞에 제국주의의 악랄한 봉쇄도 무너질 것이다!"

- 노동신문 헤드라인(2018. 6. 14.)

2018년 여름, 평양의 거리는 오랜만에 활기를 띠었다. 역사적인 북미 정상회담이 싱가포르에서 열렸고, 김정은 위원장과 도널드 트럼프 대통령이 마주 앉아 악수를 나누는 장면은 하루 종일 텔레비전 화면을 장식했다. 국영 방송은 이를 "조선의 위상을 세계에 떨친 역사적 쾌거"라고 표현했고, 거리 전광판에는 "새로운 시대의 개막! 사회주의 승리의 길!"이라는 문구가 붉은 글씨로 반짝였다.

그날의 분위기는 분명 이전과는 달랐다. 공장, 학교, 장마당을 가리지 않고 사람들 사이엔 기대 섞인 말들이 오갔다.

"이제 제재 좀 풀리겠지?"

"외국 물자 들어오면 쌀값도 좀 나아질 거야."

소박한 대화였지만, 그 속엔 그간 억눌려 있던 희망이 담겨 있었다.

한동안 주민들은 조용히 기다렸다. 마치 무엇인가 바뀔 수도 있다는 믿음이, 전염병처럼 퍼져나가듯 사회 전체에 감돌았다. 그러나 희망은 오래가지 못했다. 장마당에서는 여전히 쌀값이 오르고 있었고, 현물 대신 감자 몇 알로 물건을 교환하는 거래가 늘어나고 있었다. 배급소는 여전히 문을 닫은 채였고, 국영상점의 진열대는 텅 비어 있었다.

텔레비전 속 선전은 더욱 열기를 더했다. "위대한 영도자의 담대한 외교 앞에 제국주의의 봉쇄는 곧 붕괴될 것이다!"라는 멘트가 반복됐지만, 변하지 않는 현실 앞에서 사람들은 점점 그 화면을 외면

했다. 공장에서는 "기름도 없고 부품도 없는데 무슨 생산이냐"는 푸념이 나왔고, 장마당 상인들은 속으로 계산기를 두드리며 표정을 굳혔다.

기대감이 무너지는 데는 오래 걸리지 않았다. 김정은 위원장이 다시 "자력갱생"을 외치기 시작했을 때, 대부분의 주민들은 이미 속으로 결론을 내리고 있었다.

"역시 이번에도 우리 몫은 없구나."

희망은 그렇게 조용히 식어 갔고, 사람들은 다시 침묵으로 돌아갔다. 한때 회담을 지켜보며 설렘을 품었던 장마당 상인들의 눈빛도 어느덧 굳어 있었고, 이제는 그 누구도 '변화'라는 단어를 입에 올리지 않았다.

그해 여름은 잠시 북한 사회에 온기를 불어넣었지만, 그 온기는 허상이었다. 기대는 있었으나 준비된 변화는 없었고, 사람들은 그 사실을 너무도 빠르게 깨달았다. 북한 당국이 아무리 외교적 성과를 강조하고 "자력으로 승리하자"고 외쳐도, 주민들의 시선은 점점 바닥을 향했다.

그 여름은 희망의 서막이었지만, 결국 절망의 시작이었다. 고요히 번지던 기대는 현실이라는 벽 앞에서 무너졌고, 북한 주민들은 다시 냉엄한 일상으로 되돌아갔다.

- 하노이 결렬의 그날

희망의 불씨는 생각보다 빨리 꺼졌다. 2019년 2월, 하노이에서 열린 제2차 북미 정상회담은 시작부터 주민들의 기대를 품게 만들었다. 평양의 텔레비전과 라디오에서는 매시간 회담 소식을 다루었고, 기자들은 "위대한 조선 외교의 새로운 승리"라며 목소리를 높였다. 한동안 굳었던 사람들의 표정도 조금씩 풀어졌다. "이번에는 뭔가 될 것 같다"는 말이 장마당을 오가며 소곤거렸다.

그러나 그 기대는 단 하루 만에 무너졌다. 합의는 없었다. 북미 정상회담은 빈손으로 끝났다. 트럼프 대통령은 회담장을 떠났고, 김정은 위원장은 굳은 얼굴로 숙소로 돌아갔다. 그 소식이 평양에 전달되던 날, 도시 전체가 갑자기 숨을 죽인 듯 고요해졌다.

국영 방송은 합의 실패를 인정하지 않았다. 대신 새로운 구호를 내걸었다. "더 이상 외세에 의존하지 않는다! 우리는 자력갱생의 길로 나아간다!" 앵커의 목소리는 힘찼지만, 화면 속 사람들의 미소는 어딘가 부자연스러웠다. 그리고 그날 저녁, 노동신문은 이렇게 썼다.

"적대세력의 무리한 요구를 단호히 물리치고, 우리만의 힘으로 혁명의 길을 개척하자!"

함경북도 농촌지역에서는 그 신문을 보며 긴 한숨을 내쉬었다.

"이젠 끝났구나."

그 말은 그의 마음속뿐 아니라, 시장의 상인들 입에서도 흘러나

왔다.

하노이 결렬 이후 평양의 공기는 달라졌다. 방송에서는 여전히 밝은 노래가 흘렀고, 화면 속 사람들은 주먹을 불끈 쥐고 웃고 있었지만, 그 웃음은 마치 누가 지시한 듯 어색하게 굳어 있었다. 텔레비전에서는 "혁명정신으로 무장하고 자력갱생의 승리를 이룩하자"는 구호가 하루에도 수십 번씩 흘러나왔다. 그러나 주민들은 말이 줄었다. 그 누구도 더 이상 기대를 말하지 않았다.

평양의 한 직장인 이다혜(가명, 34세)는 그날을 이렇게 기억했다. "텔레비전에서 자력갱생이란 단어가 나오는 순간, 우리 사무실 분위기는 싸늘해졌어요. 다들 눈빛만 주고받았죠. 누군가는 책상 밑에서 휴대폰으로 쌀값을 검색하고 있었어요."

장마당의 상인들도 긴장했다. 장사는 계속해야 했지만, 사람들의 지갑은 점점 더 닫히고 있었다. 쌀과 기름의 가격은 하루가 멀다 하고 치솟았다. 아이들 간식으로 사 주던 사탕 한 봉지도 이제는 사치품이 되어 버렸다.

공장지대에서는 몇몇 노동자들이 다시 출근하지 않았다. "이제 희망이 없는데 뭐하러 가느냐"는 말이 돌았다. 기름이 없어 기계가 멈춘 지 오래였고, 생산은 사실상 중단된 상태였다. 조선중앙TV는 "근로자들이 혁명의 불길을 지피고 있다!"며 공장의 재가동을 선전했지만, 실제로 공장 앞마당에는 녹슨 철제 부품이 나뒹굴고 있었다.

김정은 위원장은 귀국 직후 열린 당 회의에서 다시 한번 자력갱생을 강조했다. 노동신문은 이를 대서특필하며 이렇게 적었다.

"우리에게는 강력한 자력갱생의 힘이 있다. 적들의 봉쇄는 우리를 시험할 뿐, 결코 굴복시킬 수 없다!"

하지만 문현송의 표정에는 미묘한 쓸쓸함이 번졌다. 그는 그 말이 무엇을 의미하는지 이미 알고 있었다.

"결국 우리 보고 알아서 버티란 말이잖아요. 굶어 죽지 않으려면 또 장마당에 목숨 걸어야죠."

하노이 결렬의 여파는 그렇게 사람들의 일상과 마음속으로 깊숙이 스며들었다. 주민들은 말을 아꼈고, 웃음은 사라졌다. 희망 대신, 다시 고개를 든 것은 두려움과 무력감이었다. 그때부터 사람들은 서로에게 이렇게 속삭였다.

"입 다물자. 아무 말도 하지 말자."

- 제재 강화와 삼중고

북한 주민들은 현재 국제 제재, 코로나 이후 국경 봉쇄, 기후·식량 재난이라는 삼중고(三重苦) 속에서 극심한 생계난을 겪고 있다. 이 상황은 단순한 경제 불황이 아니라 제도적, 구조적 위기로까지 번지고 있으며, "자력갱생"이라는 구호 아래 국가 책임 회피 성격도 강해지고 있다.

삼중고(三重苦)란 무엇인가?

① 국제 제재 → 핵·미사일 개발로 인한 유엔 안보리 제재(특히 2016. ~ 2017.) → 대외무역 급감, 생필품·의약품 부족, 외화 고갈

② 코로나 봉쇄는 2020년 1월부터 국경 전면 차단 → 무역·인도 지원 중단시장 위축, 가격 폭등, 생계 활동 제약

③ 기후·식량 재난가뭄, 홍수 반복 및 비료·농약 부족 → 식량 생산량 감소 → 배급 축소, 아사·영양실조 사례 증가

WFP, FAO 등 국제기구 추정(2022. ~ 2024.)
→ 약 40~45%의 주민이 만성적 영양부족 상태
일부 지역에서는 아사 사건 보고도 존재

- 탈북민 증언, 위성사진 분석 등

"밥을 한 끼 먹으면 두 끼를 굶는 게 일상"

- 함경북도 탈북민, 2023년 증언

정부 태도: 대책은 없고 자력갱생으로 극복해야 한다는 선전 활동만 강화하고, 실질적인 대비 대책이 미비하게 나타나고 있다.

오늘날 북한 주민의 삶은 "국가가 도와주지 않기에, 개인이 스스

로 버텨야만 하는 구조"이다. 하지만 국경이 닫히고 장마당도 위축되면서, 자립조차 할 수 없는 상황에 내몰리고 있다.

하노이 회담의 결렬은 단순한 외교적 실패가 아니었다. 그것은 북한 주민들의 삶에 깊숙이 파고드는 새로운 고통의 서막이었다. 대북제재의 완화라는 희망은 완전히 사라졌고, 국제사회의 압박은 더욱 거세졌다. 유엔의 추가 제재로 석유와 비료 공급마저 끊기자 북한 경제는 숨을 쉴 틈조차 잃었다.

조선중앙TV는 여전히 밝은 표정으로 이렇게 외쳤다.

"적들의 봉쇄가 아무리 악랄해도, 우리는 위대한 자력갱생으로 그 어떤 시련도 돌파할 것이다!"

그러나 화면 밖 주민들의 삶은 전혀 다른 모습이었다.

함경북도의 농민 최광철(가명, 당시 60세)은 그 시절을 떠올리며 말했다. "트랙터요? 다 멈췄죠. 기름이 없는데 뭘로 돌려요. 사람들 허리에 밧줄 걸고 쟁기를 끌었어요. 그게 21세기 조선의 농사였어요."

비료 부족으로 논밭은 누렇게 떴고, 농민들은 굳은살이 배인 손으로 땅을 뒤집었다. 수확량은 전년 대비 절반 이하로 떨어졌다. 그러나 노동신문은 이렇게 보도했다.

"우리 농업 근로자들은 혁명정신으로 무장하고 손에 쟁기와 괭이를 들고 사회주의 농촌 건설의 선봉에 서 있다!"

기계가 멈춘 농촌 풍경은 도시의 병원에서도 비슷하게 반복되었다. 평양의학대학병원조차 항생제와 소독약이 동났다. 병원 복도에는 고개를 떨군 환자들이 줄지어 앉아 있었다. 의료진은 소금물로 상처를 씻으며 이렇게 위로했다. "여기 약이 없으니 집에서 찜질이라도 해 보시오."

탈북민 박미향(가명)은 말했다.

"병원에 가면 약이 없었어요. 항생제 한 알은 특권층이나 살 수 있는 사치품이었죠. 돈 없으면 그냥 집에서 죽어야 했어요."

그러나 국영방송에서는 여전히 이런 목소리가 울려 퍼졌다.

"우리 인민들은 의약품 자급자족의 길을 개척하고 있으며, 조선의학의 자주적 발전을 위해 일대 도약을 이룩하고 있다!"

전력난은 이제 전례 없는 수준에 이르렀다. 한때 평양 시내에만 집중 공급되던 전기마저 사라졌다. 도심 외곽의 가정집들은 초를 켜고 생활했고, 한밤중의 거리는 칠흑 같았다.

황해남도 해주 출신의 탈북민은 말했다.

"겨울이면 집 안에서도 입김이 나왔어요. 전기밥솥? 그런 건 텔레비전 속 이야기예요. 우리 집엔 장작불도 귀했어요."

그러나 조선중앙TV는 마치 다른 세상의 이야기를 하듯 이렇게 전했다.

"전력부문 노동자들은 혁명적 의지로 자력갱생의 불씨를 지피고 있다!"

식량난, 의료 위기, 에너지 위기. 이 삼중고(三重苦)는 북한 주민들의 삶을 완전히 잠식했다. 사람들은 하루하루를 버티며 말없이 견뎠다. 이제는 기대도, 분노도 사라진 채 그저 생존을 위한 침묵만이 남아 있었다.

- 공포로 뒤덮인 자력갱생

하노이 회담이 결렬된 이후, 평양의 거리는 여전히 구호로 가득했다. 곳곳에 내걸린 붉은 현수막에는 큼지막한 글씨가 적혀 있었다.
"적들의 봉쇄를 뚫고 사회주의 승리의 기치를 높이 들자!"
국영방송에서는 날마다 "자력갱생의 위대한 정신"을 강조했다.
"우리 인민은 제국주의자들의 봉쇄를 웃음으로 이겨 내며, 내부의 반동분자를 철저히 색출하고 혁명의 결속을 굳건히 하고 있다!"
앵커의 목소리는 강하고 힘찼지만, 화면을 바라보는 주민들의 얼굴에는 아무 표정도 없었다. 방송 속 사람들은 모두 주먹을 불끈 쥐고 웃고 있었지만, 실제 거리의 주민들은 서로의 눈을 피하며 무거운 침묵 속에 걸음을 재촉했다.
함경북도 청진 출신의 탈북민 박미향(가명)은 그 시절을 이렇게 기억했다.
"시장에 보위부가 자주 나타났어요. 그들의 시선만 스쳐도 숨이 턱 막혔어요. 한마디 잘못했다가 정치범수용소로 끌려간 사람 이야기가 돌았죠. 다들 입을 닫았어요."

보위부의 밀고 시스템은 한층 강화됐다. 장마당에서는 친한 친구 사이에도 신뢰가 깨졌다. 누구든 실수로 흘린 말 한마디가 밀고로 이어질 수 있었다. 사람들은 서로에게 경계의 눈빛을 보냈고, 가족끼리도 집안에서 정치 이야기를 나누지 않았다. 어린아이들조차 부모가 하는 말을 외부에서 따라 했다가 낭패를 보는 일이 있었다.

황해북도 출신의 한 탈북민은 말한다.

"어린 딸이 학교에서 '엄마는 쌀 없다고 했어요' 한마디 했다가, 보위부원이 우리 집에 왔어요. 아내가 이불을 덮고 며칠을 울었죠."

그런 사건이 한두 번이 아니었다. 사람들은 입을 다물었고, 시장의 상인들조차 거래를 하면서도 말수를 줄였다. 손짓과 눈짓만으로 흥정을 이어 가는 풍경이 흔했다.

공포의 공기는 도시 외곽과 농촌에서도 짙어졌다. 마을회관에서는 주민들이 불려 가 "적대세력의 모략에 흔들리지 말 것"을 서약해야 했다. 노인과 아이, 심지어는 몸이 아픈 사람들까지 줄지어 앉아 구호를 외쳤다.

"우리는 당의 두리에 철통같이 뭉쳐 혁명의 길을 굳건히 지키겠습니다!"

그러나 그 소리에는 기운이 없었다. 목소리는 떨렸고, 어떤 이들은 고개를 숙인 채 간신히 따라 했다. 그들의 마음속에는 구호가 아니라 두려움만이 메아리쳤다.

한때 장마당에서 장사하던 상인 김미영(가명)은 이렇게 회상했다.

"그때 사람들은 웃음도 감히 못 지었어요. 웃다가도 '혹시 이게 잘못 해석되면?' 하고 겁났어요. 입을 다물고, 눈빛으로만 소통했죠. 살아남으려면 그래야 했어요."

국영매체는 연일 공포를 조장하며 충성심을 강요했다.

"인민 내부에 숨어드는 적대세력을 철저히 색출하고, 혁명의 대오를 정화하라!"

- 노동신문 사설(2019. 5. 2.)

그러나 공포 속에서 사람들은 더 깊은 침묵으로 들어갔다. 공장은 여전히 멈췄고, 시장의 쌀값은 치솟았다. 아이들은 학교에서 주먹밥 하나로 하루를 버텼고, 밤이 되면 가로등 하나 켜지지 않는 거리에서 사람들은 초에 의지해 조심스레 식사를 준비했다.

공포는 생활의 일부가 되었다. 사람들은 서로를 믿지 않았고, 장마당의 분주한 손짓과 미약한 숨소리만이 유일한 대화였다. 모든 것이 감시당하고, 모든 말이 위험해진 시대. 이때부터 북한 사람들은 공포가 일상인 사회에서 살아가는 법을 배워야 했다.

- 불빛 속과 어둠 속: 계층 간 격차

하노이 회담 결렬 이후, 북한의 구호는 더욱 요란해졌다. 평양 중심가의 대형 현수막에는 이렇게 적혀 있었다.

"평양은 혁명도시, 그 전기와 복지는 인민 전체의 희망이다!"

조선중앙TV는 밤마다 평양 시내의 화려한 불빛을 비췄다. 대동강변 고층 아파트의 창문마다 불이 켜져 있었고, 거리를 가득 메운 전등이 조명처럼 반짝였다. 화면 속 군중은 여전히 주먹을 불끈 쥐고 "자력갱생 만세"를 외치고 있었다.

그러나 화면 밖, 평양 외곽과 지방 도시는 전혀 다른 세상이었다.

강원도 원산 출신 탈북민 이호철(가명)은 그 시절을 떠올리며 한숨을 내쉬었다.

"평양 중심부는 밤에도 밝았죠. 하지만 우리 마을은 겨울이면 물도 얼어붙었어요. 집안에서도 입김이 나왔고, 아침이면 아이들 손가락이 동상에 걸렸어요. 불도 약도 없었어요. 마치 세상이 멈춘 것 같았죠."

전기는 평양 권력층의 구역으로 우선 공급됐다. 그곳의 부유층은 몰래 들여온 중국산 전기밥솥으로 따끈한 밥을 지었고, 아이들은 초콜릿과 과자를 간식으로 먹었다. 병원에는 수입 약이 비밀리에 전달되었고, 특권층만이 그것을 손에 넣을 수 있었다.

하지만 지방 주민들은 초라한 초 하나에 의지해 저녁을 보냈다.

아이들이 숙제를 하는 손등 위로 촛농이 뚝뚝 떨어졌고, 배고픔에 지친 얼굴은 창백했다. 밤이 되면 마을 전체가 칠흑 같은 어둠에 잠겼다.

평양의 한 상류층 가족은 외부와 차단된 특권을 누렸다. 한 탈북민은 이렇게 말했다.

"그들은 해외에서 들여온 과일, 사탕, 약까지 구할 수 있었어요. 권력자들 집 냉장고에는 고기와 과일이 넘쳤죠. 우리 집 냉장고는 비었는데, 전기마저 들어오지 않으니 쓸모도 없었어요."

조선중앙통신은 이렇게 선전했다.

"당의 위대한 사랑으로 평양은 인민의 요람이 되었으며, 그 혜택은 전국 곳곳으로 퍼지고 있다!"

그러나 평양 밖에서는 그 '혜택'을 체감할 수 있는 사람이 거의 없었다. 황해남도의 한 주민은 이렇게 증언했다.

"평양 이야기는 우리한테 동화 같은 이야기였어요. 우린 장작불도 귀해서 겨울마다 어린애들이 동상 걸리기 일쑤였죠."

특권층과 서민층의 간극은 단순한 생활 수준의 차이가 아니었다. 그것은 생존의 기회, 그리고 목숨을 지킬 권리의 차이였다. 평양 중심부의 불빛은 외부로 퍼져나가지 못했고, 지방의 캄캄한 마을에는 오직 두려움과 절망만이 내려앉았다. 주민들은 말없이 견뎠다. 하루하루를 버티며, 눈빛으로만 서로의 고통을 확인했다. 어느새 평양과 지방 사이에는 넘을 수 없는 벽이 세워져 있었다.

이제 하노이 결렬로 촉발된 공포와 고통이 계층적 불평등으로 심화되는 과정을 한 흐름으로 풀어냈다. 독자는 선전 속 '밝은 평양'과 현실 속 '어두운 지방'을 선명히 대비하며 몰입할 수 있다.

- 숨죽인 도시, 움직이는 삶

평양은 낮에도 밤에도 고요했다. 사람들은 말 대신 눈빛으로만 소통했다. 어느 누구도 더 이상 장마당에서 큰소리로 흥정을 하지 않았고, 아이들마저 학교에서 입을 다물었다. "불필요한 말 한마디가 가족의 삶을 바꿀 수 있다." 그 두려움이 사람들의 입술을 봉했다.

그러나 이 숨죽인 도시에도 보이지 않는 움직임들이 있었다. 공포 속에서도 사람들은 살아남기 위해 필사적으로 길을 찾았다.

함경북도 온성 출신 탈북민 박수진(가명)은 말했다.

"주변에서 두만강 건너겠다는 사람이 늘었어요. 마을에서 몰래몰래 짐을 싸는 집이 눈에 띄었죠. 다들 말은 안 하지만, 한밤중에 강으로 향하는 발걸음을 알고 있었어요."

밀수꾼들은 장마당에 남은 마지막 희망이었다. 그들은 국경을 넘어 생필품과 약품을 구해 왔다. 그러나 보위부의 단속은 점점 더 거세졌다. 적발된 사람은 고문을 당하거나 정치범수용소로 보내졌다.

황해북도의 탈북민 최광철(가명)은 회상했다.

"보위부가 강에 나와 순찰할 때마다 마을이 숨을 죽였어요. 사람들이 밤에 도강하다 총 맞아 죽었다는 소문이 하루가 멀다 하고 돌았죠."

지하교회에 모여 기도하는 사람들도 있었다. 그들은 촛불을 켜고 목소리를 낮춘 채 기도를 올렸다. 누군가 밖에서 인기척을 느끼면, 기도는 곧장 멈추고 방 안은 숨죽인 공포로 가득 찼다.

국영 방송은 여전히 주민들을 격려했다.

"적들의 모략에도 굴하지 않고 사회주의 조국을 지키는 우리 인민은 위대하다!"

그러나 실제로 사람들은 스스로를 지키기에도 버거웠다. 장마당 상인들은 목숨을 걸고 장사를 이어 갔다. 돈이 있는 사람은 중국산 약을 구할 수 있었지만, 그렇지 못한 이들은 마른풀과 민간요법에 의지했다.

탈북민 김미영(가명)은 말했다.

"어떤 사람들은 장마당에서 몰래 중국 의약품을 팔았어요. 하지만 가격이 너무 비싸서 가난한 사람들은 쳐다보지도 못했죠."

생존은 더 이상 선택이 아닌 본능이었다. 사람들은 굶주림과 질병, 공포를 견디며 오늘 하루만이라도 살아남기를 바랐다.

이제 이 부분에서는 공포의 도시 속에서조차 끊임없이 움직이고 시도하는 사람들의 이야기를 한 호흡으로 풀어냈다. 밀수꾼, 탈북민, 지하교인, 장마당 상인 등 다양한 주민의 목소리가 교차하며 서사를 풍성하게 만든다.

- 공포의 일상화, 침묵의 문화

시간이 흐르면서 공포는 북한 주민들의 삶에 스며들어 일상이 되었다. 처음에는 누군가의 밀고로 보위부에 끌려간 이웃의 이야기가 공포를 일으켰지만, 이제는 그런 이야기도 더 이상 놀라운 소식이 아니었다. 사람들은 그저 "다행히 우리 집이 아니었구나"라고 속으로 중얼거릴 뿐이었다.

조선중앙TV에서는 하루가 멀다 하고 이렇게 외쳤다.

"혁명은 단호함으로 승리를 이룬다! 내부 단속을 철저히 하라!"

방송 속 군중은 여전히 주먹을 쥐고 열광했지만, 실제로 주민들의 표정에는 생기가 없었다. 공장에서도, 학교에서도, 시장에서도 웃음소리가 사라졌다. 사람들은 서로를 믿지 않았다. 친구끼리도, 형제끼리도, 심지어 부모와 자식 간에도 정치 이야기는 금기였다.

평양 외곽의 한 상인 김미영(가명)은 회상했다.

"웃음도 조심해야 했어요. 잘못 웃었다가 '정권 비웃는 거 아니냐' 소리 들을까 봐요. 숨만 크게 쉬어도 불안했어요. 살아남으려면 입을 다물어야 했죠."

아이들조차 집안에서 들은 말을 학교에서 꺼내지 않도록 훈련받았다. 어떤 부모는 잠들기 전 아이들의 귀에 대고 속삭였다. "학교 가면 절대 엄마가 한 말 하지 마라. 친구한테도 말하지 마."

공포는 사람들을 고립시켰고, 그 고립 속에서 사람들은 더욱 조용해졌다. 장마당에서는 흥정보다는 손짓과 눈짓으로 거래가 이루어졌고, 한두 마디로 흥정이 끝나면 사람들은 곧장 자리를 떴다.

황해남도의 탈북민 최광철(가명)은 이렇게 말했다.

"그때는 시장에서도 웃는 사람이 없었어요. 다들 표정 없이 장사만 했죠. 말수가 적을수록 오래 살아남는다는 걸 깨달았어요."

공포는 더 이상 비정상적인 것이 아니었다. 그것은 생활의 한 부분이었고, 사람들은 그것을 무력하게 받아들였다. 고개를 숙이고, 목소리를 낮추며, 자신과 가족을 지키기 위해 침묵을 택했다.

하노이 회담 결렬 이후 북한 사회는 그렇게 변했다. 주민들의 기대는 짓밟혔고, 자력갱생은 생존을 위한 절박한 몸부림으로 변질되었다. 희망 대신 공포가, 연대 대신 침묵이 자리 잡았다. 이제 사람들은 더 이상 내일을 꿈꾸지 않았다. 그저 오늘 하루를 견디는 것만이 최우선이었다.

그리고 그 속삭임마저 언젠가는 들킬 수 있다는 불안이, 사람들의 숨결에 묻어 있었다.

- 외교 실패가 남긴 상처

하노이 회담(2019. 2. 27 ~ 28.)의 실패는 단순한 북미협상의 결렬을 넘어, 한반도 비핵화 외교의 한계와 교착의 본질을 드러낸 사건이다. 이 회담이 남긴 교훈은 북미 양측은 물론 한국·중국 등 주변국에게도 큰 영향을 미쳤다.

첫째, "톱다운 방식"의 한계점을 지적할 수 있다. 다시 말해 "지도자 간의 결단이 외교를 대체할 수 없다."고 말할 수 있다.

이번 하노이 회담은 실무협상 없이 정상회담에 진입하였다.

핵심 쟁점(영변 해체 ↔ 제재 완화)에 대한 세부 조율 미비한 데로부터 결국 회담 준비가 부족했으며, 비현실적 기대로 인해 결렬되는 결과를 가져왔다.

둘째, 비핵화에 대한 '정의의 차이'에서 나타난다. 다시 말해 "북한의 '비핵화'와 미국의 '비핵화'는 달랐다."는 것이다.

북한 입장은 영변 핵시설 폐기로 "실질적 양보"를 했다고 주장하고, 그 대신 제재 완화(민생 관련 5건)를 그에 상응하는 보상으로 요구하였다.

미국 입장은 완전한 핵포기(CVID) 없이는 제재 완화 불가하다는 주장을 내세우면서, 영변은 핵시설 일부에 불과하며, 은폐 시설로

의심하고 있다.

셋째, "스몰딜 vs 빅딜" 전략 차이이다. 다시 말해 "전부 아니면 전무(All or Nothing)는 외교의 적이다."라는 것이다.

트럼프는 북한이 전면적 핵포기를 하지 않으면 아무것도 못 준다는 "빅딜"을 고수하였지만, 김정은은 단계적 접근을 원하며, 일부 양보에 일부 보상을 기대했다.

중요한 것은 단계적·검증가능한 접근법 없이 전면적 요구는 협상을 깨뜨릴 수 있다. 그러나 "스몰딜"이라도 현실적인 부분 합의가 더 지속 가능한 경우도 있다.

넷째, 한국의 중재외교 한계가 있음을 파악했다.

"중재자는 신뢰와 실질적 영향력을 동시에 가져야 한다." 문재인 정부는 북미 간 가교 역할을 자처했지만, 하노이 결렬 이후 "패싱 논란"이 대두하였고, 회담 직후 트럼프는 문 대통령과의 협의 없이 일방 철수를 결하였다. 결국 한국이 중재자이자 당사자로서 신중하고 양측 모두에 신뢰를 얻는 전략이 필요하다는 것을 의미한다.

다섯째, 북한의 '기회 상실'과 체제 전략의 한계를 느끼게 한다.

김정은은 "기회의 창을 놓쳤다"는 국제 평가 다수이다. 결국은 다시 자력갱생 구호를 당의 전략적 구호로 제시했으며, 핵보유를 정당화, 합리화하는 방향을 제시했는데, 이것은 국제사회에 대한 북한 외교 활동의 고립을 가속화시키는 결과를 가져오고 있으며, 교훈은, 핵무기 고수는 그 자체로 외교·경제적 고립을 불러온다는 것을 의미한다.

하노이 회담은 희망과 교착의 경계선이 얼마나 얇은지를 보여 주었다. 이후 북미는 장기간 교류를 중단했고, 북한은 핵 개발을 더욱 가속화하며 외교적 고립을 심화시켰다.

결국 하노이는 한반도 외교에 있어 "과대 기대의 위험성과 외교 디테일의 중요성"을 일깨운 대표적 사례로 남게 된다.

하노이 회담이 끝난 지 몇 달이 지났지만, 주민들의 일상은 나아지지 않았다. 아니, 오히려 더 깊은 수렁으로 빠져들고 있었다. 희망은 꺼졌고, 사람들의 삶은 절망 위에 간신히 서 있었다.

김정은 위원장은 신년사에서 이렇게 선언했다.

"우리의 외교는 이제 성숙했다. 제재와 봉쇄 따위는 두렵지 않다! 우리는 위대한 자력갱생의 길로 승리할 것이다!"

— 김정은 신년사(2020. 1. 1.)

국영 방송은 이 발언을 반복 송출하며 주민들에게 자신감을 주입하려 했다. 그러나 그 목소리는 이제 더 이상 사람들의 마음에 닿지 않았다. 이미 너무 많은 이들이 굶주림과 질병, 두려움 속에서 스스로의 목소리를 잃고 있었기 때문이다.

함경북도 출신 탈북민 김미영(가명)은 신년사를 보던 날을 잊지 못한다. "승리요? 우린 승리 같은 거 몰랐어요. 그때 바란 건 그저 내일도 살아남을 수 있길 바라는 것뿐이었어요."

하노이 결렬은 단순히 외교의 실패가 아니었다. 그것은 주민들의 삶을 지탱해 주던 마지막 희망의 끈마저 끊어 버렸다. 기대는 무너졌고, 사람들은 더 이상 변화를 바라지 않았다. 오직 침묵 속에 하루하루를 버텨 내야 하는 시간이 이어졌다.

권력층과 서민층의 삶의 격차는 점점 더 벌어졌다. 평양 중심부의 아파트에는 여전히 불이 켜져 있었지만, 지방의 마을은 칠흑 같은 어둠에 잠겼다. 일부 특권층은 수입 식료품과 약품을 은밀히 공급받았지만, 대다수의 주민들은 초라한 초 하나로 긴 겨울밤을 버텨야 했다.

황해남도 탈북민 최광철(가명)은 씁쓸하게 말했다.

"외교가 성공했으면… 최소한 애들 손발에 동상은 안 걸렸을 거예요. 근데 그런 건 이제 상상도 안 했죠. 그냥 입 다물고 버티는 게 전부였어요."

사람들은 더 이상 서로의 고통을 위로하지 않았다. 누구나 살아남기 위해 침묵했고, 그 침묵은 북한 사회 전체를 짙은 어둠으로 감쌌다.

외교 실패는 이렇게 한 나라의 외부 문을 닫았고, 동시에 그 내부의 수많은 문과 입술도 굳게 닫아 버렸다.

하노이 이후, 북한 사회는 변하지 않았다. 아니, 더 나빠졌다. 외부의 문이 닫히자 내부의 숨결마저 점점 희미해졌다. 사람들은 말 대신 눈빛으로 살아남았고, 희망 대신 공포로 하루하루를 연명했다.

그리고 그렇게, 외교 실패는 한 나라와 그 안의 사람들에게 지울 수 없는 상처를 남겼다.

5

내부 불만과 통제 강화 전략

　하노이 결렬 이후 경제의 삼중고가 일상화되면서, 주민들 사이에는 조용하지만 분명한 불만의 기운이 감돌았다. 장마당에서는 "이래서 언제까지 버틸 수 있을까"라는 한숨이 들렸고, 공장 노동자들 사이에는 "왜 우리만 참아야 하나"는 낮은 목소리가 돌았다. 하지만 그 목소리는 결코 크게 울려 퍼지지 않았다. 정권은 이미 오래전부터 불만의 싹을 자르는 방법을 알고 있었기 때문이다.

　조선중앙TV는 연일 경고하듯 이렇게 외쳤다.

　"적대세력의 악랄한 책동에 절대 속지 말라! 우리 내부를 흔드는 반혁명분자를 철저히 색출하라!"

　공식 담론은 늘 외부의 적을 향했다. 경제난, 굶주림, 에너지 위기까지 모두 "제국주의자들의 봉쇄와 압박 때문"이었다. 사람들은 알고 있었다. 원인은 밖에만 있는 것이 아니란 것을. 그러나 누구도 그것을 입 밖에 낼 수 없었다. 말하는 순간, 그 말은 보위부의 귀에 들어가고, 이후의 삶은 장담할 수 없었다.

함경북도의 탈북민 박수진(가명)은 그 시절을 떠올렸다.

"시장에선 말조심이 생명이었어요. '배고프다'는 말도 조심해야 했어요. 잘못 들으면 제재에 불만 있는 걸로 몰렸거든요. 다들 입을 다물었어요."

정권은 휴대전화 검열을 강화했다. 사람들은 전화 통화를 할 때도 한 번, 두 번 주위를 살폈다. 친한 친구와도 민감한 이야기는 카카오톡이 아니라 눈빛으로만 했다. 가택수색은 한밤중에도 불시에 이루어졌다. 보위부 요원들이 갑자기 문을 두드리면, 집주인은 아무 말 없이 문을 열어야 했다. 서랍을 열고, 휴대전화를 뒤지고, 심지어 어린아이의 장난감까지 검사했다.

황해남도 출신의 탈북민 최광철(가명)은 말했다.

"그때는 USB 하나만 있어도 걸리면 큰일 났어요. 외국 노래 한 곡만 들어있어도 정치범수용소로 갔어요. 사람들이 TV 앞에서도 숨죽였어요."

공개 처형은 공포를 유지하는 가장 극적인 수단이었다. 장마당에서 외화를 거래하다 적발된 상인이 광장 한복판에서 총살당하는 모습을 사람들은 강제로 지켜봐야 했다. 군중 앞에서 보위부는 외쳤다.

"이것이 반혁명 행위의 최후다! 인민은 경각심을 가져라!"

군사 퍼레이드와 미사일 시험발사는 내부 불만을 외부로 전환시키는 이벤트였다. 대형 스크린에 떠오른 미사일 발사 장면은 "조선의 위대한 힘"을 강조했고, 사람들은 잠시나마 외부의 적을 떠올렸다. 그러나 집으로 돌아오면 여전히 냉랭한 방과 허기진 배가 기다리고 있었다.

김정은 위원장은 연설에서 이렇게 말했다.

"적대세력의 봉쇄는 우리를 단련시킬 뿐이다. 인민의 결속이야말로 우리 사회주의의 불패의 힘이다!"

그러나 그 결속은 강요된 침묵과 공포 위에 세워진 것이었다. 사람들은 더 이상 불만을 말하지 않았다. 아니, 말할 필요조차 느끼지 못했다. 말하지 않는 것이 유일한 생존법이었기 때문이다.

6

정권의 전략적 계산과 대외 이벤트

공포와 침묵이 일상이 된 사회 속에서, 북한 정권은 또 다른 카드를 꺼냈다. 그것은 외부로 시선을 돌리게 만드는 전략이었다. 굶주림과 절망으로 가득 찬 주민들의 마음을 잠시나마 다른 곳으로 향하게 하기 위해, 평양의 하늘에는 미사일이 솟구쳤고, 김일성 광장에는 거대한 군사 퍼레이드가 펼쳐졌다.

조선중앙TV는 미사일 발사 장면을 실시간으로 중계하며 이렇게 외쳤다.

"우리의 힘으로 제국주의자들을 압도하는 위대한 승리! 조선의 하늘에 번개 같은 진격이 펼쳐졌다!"

화면 속 미사일은 구름을 가르며 하늘로 치솟았다. 평양 중심가에서는 주민들이 집단으로 손뼉을 치며 "만세"를 외쳤다. 그러나 그

환호는 자발적인 것이 아니었다. 황해북도의 탈북민 최광철(가명)은 씁쓸하게 말했다.

"미사일 발사 때마다 우리 마을에서도 모이라고 했어요. TV에 나올 때 웃는 얼굴을 만들어야 했죠. 속으론 '쌀 발사 좀 해 줬으면' 하는 생각뿐이었는데."

군사 퍼레이드 역시 주민들의 불만을 외부로 전환시키는 무대였다. 대형 트럭에 실린 미사일이 광장을 지나가면, 사열대에 선 김정은 위원장이 손을 흔들었고, 주민들은 다시 한 번 구호를 외쳤다.

"위대한 최고사령관 동지 만세! 자력갱생의 결사대 만세!"

그날 평양의 대형 스크린은 군사력과 결속을 강조하는 구호로 가득 찼지만, 지방의 마을에서는 촛불 하나에 의지해 식탁을 지키는 주민들이 있었다. 함경북도 출신의 탈북민 박미향(가명)은 조용히 말했다.

"퍼레이드 할 때 TV를 보다가 그냥 껐어요. 배고픈데 무슨 군사력 자랑이에요. 우리 삶은 변한 게 없었어요." 정권의 전략적 계산은 단순하지 않았다. 대외 이벤트는 국제사회에 대한 무력 시위이자 내부 주민 결속을 다지는 도구였다. 외부의 압박이 거세질수록 미사일 발사는 더 빈번해졌다. 노동신문은 이를 두고 이렇게 썼다.

"적대세력의 봉쇄가 아무리 극심해도, 우리의 군사력은 사회주의의 승리를 지켜 낼 철벽이다!"

하지만 주민들의 일상은 여전히 겨울 같은 냉랭함 속에 갇혀 있었다. 평양의 불빛이 꺼지지 않는 동안, 지방의 어두운 마을에서는 목숨을 걸고 장마당에 나가는 사람들이 있었다. 공식 담론은 "군사 강국 조선"을 외쳤지만, 사람들의 삶에는 그 강함이 스며들지 않았다. 오히려 주민들은 자신들이 지켜야 할 국가보다 자신과 가족의 생존을 지키기 위해 더 많은 힘을 쏟아야 했다.

함경북도의 탈북민 박수진(가명)은 회상했다.

"TV에선 미사일만 나오는데, 우리 집 아이들은 그 시간에 굶어 울었어요. 밖에서는 '만세' 구호를 외쳤지만, 집안에선 모두 눈을 감고 참았죠."

결국 대외 이벤트는 잠시 주민들의 불만을 외부로 돌려놓았을지 모른다. 하지만 그것은 오래가지 않았다. 미사일이 하늘로 사라지고, 퍼레이드의 불꽃이 꺼진 뒤에도 주민들은 여전히 같은 자리에서 굶주림과 추위를 견뎌야 했다. 그리고 그 침묵은 더욱 깊어졌다.

7

공포 정치의 지속 가능성

　하노이 회담 이후, 북한은 주민 통제를 강화하며 공포 정치의 색채를 한층 짙게 했다. 경제적 어려움 속에서도 정권은 여전히 굳건한 것처럼 보였다. 주민들은 굶주림과 추위 속에서도 입을 열지 않았다. 그러나 이 침묵은 충성에서 비롯된 것이 아니라 두려움의 산물이었다.

　조선중앙TV는 연일 이렇게 외쳤다.

　"적대세력의 책동에 맞서 결속하자! 자력갱생의 위대한 정신으로 사회주의를 지켜내자!"

　방송 속 군중은 환호했지만, 실제 거리에선 서로의 눈을 피하는 사람들이 더 많았다. 말 한마디 잘못하면 정치범수용소로 끌려갈 수 있다는 공포는 주민들의 삶을 무겁게 짓눌렀다.

공포는 정권의 가장 강력한 무기였다. 휴대전화 검열, 가택수색, 공개 처형이 일상이 되었고, 미사일 발사와 군사 퍼레이드가 반복되며 외부의 적을 상기시켰다. 이러한 통제는 불만의 싹을 잘라 내고, 주민들의 시선을 내부에서 외부로 돌리게 했다.

하지만 공포의 통치는 절대적일 수 없었다. 억눌린 불만은 보이지 않는 곳에서 서서히 쌓이고 있었다. 장마당에서는 거래가 더 은밀해졌고, 일부는 국경을 넘어 탈출을 시도했다. 공포는 일시적으로 사회를 조용히 만들었지만, 그것이 영원히 지속될 것이라는 보장은 없었다.

결국 북한의 공포 정치가 유지되는 힘은 주민들의 체념에서 나온다. 그러나 체념이 언제까지 지속될 수 있을까. 두려움 위에 세워진 체제는 단단해 보이지만, 그것은 균열이 생기면 급속히 무너질 수도 있는 모래성과 같다.

김정은 위원장은 신년사에서 이렇게 선언했다.

"사회주의 조선은 불패다. 우리의 결속은 그 어떤 적도 이겨 낼 것이다."

그러나 그 결속이 두려움에서 비롯된 것이라면, 언젠가 공포보다 더 큰 절망이나 분노가 그것을 갈라놓을 수도 있다. 그리고 그 순간은 예기치 않게 찾아올지 모른다.

제4장

북-중-러
신축 삼각 외교의
한계와 가능성

# 1

북·러 관계의 발전과 전략적 중요성

  북한과 러시아. 이 두 국가는 수십 년 전 '동맹'이라는 단어로 시작된 관계를, 오랜 세월의 굴곡 끝에 다시 '전략적 협력'으로 재정의하려 하고 있다. 그 사이엔 믿음과 배신, 변화와 재회가 교차하는 복잡한 이야기가 있다.

- 혁명의 친구, 냉전의 동지

  1948년, 북한이라는 이름이 국제 무대에 등장했을 때, 그 뒤엔 단단한 후원자가 있었다. 바로 소련이었다. 김일성 정권은 소련의 직·간접적 지원 속에서 탄생했고, 1950년 한국전쟁이 발발했을 때도 모스크바는 침묵 속의 승인으로 북한을 사실상 뒷받침했다. 당시 두 나라는 이념적으로나 군사적으로 매우 긴밀했다. 1961년,

"조·소 우호협력 및 상호원조조약"은 이 관계를 공식적으로 '군사동맹' 수준으로 끌어올렸다.

- 갑작스러운 거리두기

하지만 시간이 흘렀고, 세상은 변했다. 1980년대 후반, 고르바초프가 소련에 개혁의 바람을 불어넣으며 "페레스트로이카(개혁)"와 "글라스노스트(개방)"를 외쳤을 때, 북한은 당황스러움을 감추지 못했다. 소련의 변화는 곧, 북한이 믿어 온 체제 그 자체에 대한 의문이기도 했다. 그리고 1991년, 마침내 소련은 역사 속으로 사라졌다.

그 이후 러시아는 전혀 다른 방향으로 나아가기 시작했다. 1990년대 초반 러시아는 서방과의 관계를 우선시하며 한국과 적극적인 외교관계를 맺었고, 북한은 그 과정에서 철저히 소외되었다. 그동안 줄곧 "우리는 형제"라 믿어 왔던 상대가 등을 돌린 것이다. 북한은 러시아가 제안한 새 협정 초안을 거부하면서, 마음의 문도 함께 닫았다.

- 서운함 너머, 다시 열린 대화

시간이 지나면서 양국 관계는 조금씩 얼음을 녹이기 시작했다. 김일성 주석이 1994년 세상을 떠난 후, 1996년부터 북한과 러시아는 새로운 관계 정립을 위한 조약 협상을 시작했다. 1999년, "북러 우호 · 선린 · 협력 조약"이 체결되며, 양국은 다시금 우호적인 손을 맞잡았다. 이전처럼 동맹은 아니었지만, 필요한 순간에 서로를 도울 수 있는 이해 기반의 관계가 시작된 것이다.

- 푸틴의 등장, 방향을 다시 틀다

그리고 2000년, 블라디미르 푸틴이 러시아 대통령에 취임하면서 이야기는 또 한 번 큰 전환점을 맞았다. 푸틴은 유라시아 전략을 본격적으로 추진하면서, 북한을 고립된 나라가 아닌 중요한 지리적 파트너로 보기 시작했다. 그해 7월, 푸틴은 러시아 국가원수로서는 처음으로 평양을 방문했고, 김정일과의 회담을 통해 양국은 관계 개선의 시동을 걸었다.

특히 눈길을 끈 것은 철도 협력이었다. 한반도 종단철도(TKR)와 시베리아 횡단철도(TSR)의 연결. 단순히 철길이 이어지는 것이 아니라, 동북아와 유럽을 잇는 거대한 육상 물류망의 중심축으로 북한이 다시 떠오른 것이다. 북한에게 이는 경제와 외교, 러시아에게는 전략과 통상의 문제였다.

- 관계의 본질은 무엇이었을까

북러 관계는 '변하지 않는 우정' 같은 말로는 설명할 수 없는, 정치적 현실과 국가 이익이 교차하는 이야기였다. 가깝다가 멀어지고,

다시 가까워지는 과정 속에서 이들의 관계는 성장했고, 또 상처도 입었다.

그러나 분명한 것은 있다. 역사의 바퀴가 돌고 돌아 다시금 북러가 마주 보고 있다는 사실. 그 이유는 단순하지 않다. 외교적 고립, 지정학적 전략, 공동의 적(서방)이라는 배경, 그리고 서로에게 줄 수 있는 실질적 교환 가치. 이 모든 것들이 다시 한 번 두 나라를 한 테이블 위에 앉게 한 것이다. 그리고 이제, 이 관계는 과거의 복기에서 벗어나, 미래를 설계하는 협력으로 옮겨가고 있다.

- 북러, 다시 가까워진 두 그림자: 김정은과 푸틴의 전략적 접속

가을바람이 시베리아를 가로질러 두만강으로 불어오던 2023년 9월, 김정은은 전통적인 형식의 국경을 넘었다. 그러나 그가 넘은 것은 단순한 국경선이 아니었다. 그것은 냉전 이후 점차 멀어졌던 두 나라(북한과 러시아) 사이의 거리였다. 그리고 바로 그날, 김정은은 푸틴과의 악수를 통해 한 가지 분명한 메시지를 전 세계에 던졌다. "이제 우리는 더 이상 과거의 그림자가 아니라, 서로의 전략이다."

- 외교 고립을 뚫고 찾아간 길

북한은 지금, 세계에서 가장 외로운 나라 중 하나다. 제재와 고립, 그리고 불신의 벽을 수년째 마주해 왔다. 그런 북한에게 푸틴의 러시아는 문을 열어준 몇 안 되는 나라였다. 그것도 단순한 외교적 위로가 아니라, 실제적인 기술·군사·물류 협력을 약속한 손이었다.

김정은은 러시아 극동의 보스토치니 우주기지에서 러시아의 최첨단 군사기술을 직접 눈으로 확인했다. 수호이 전투기, 극초음속 미사일, 5세대 무기 시스템… 그는 단순한 참관인이 아니었다. 북러 협력의 새로운 지평을 스스로 설계하고 있었다.

- 반제의 이름으로 다시 손잡다

북한이 외치는 '반제자주', 그리고 '반미'라는 구호는 단지 구호에 그치지 않는다. 그것은 김정은 외교 전략의 핵심 문법이다. 그리고 그 문법을 가장 뚜렷이 공유한 상대가 바로 푸틴이었다.

우크라이나 전쟁으로 서방과의 전면전에 들어간 러시아는, 서방에 맞서는 국제적 연대를 절실히 원했고, 북한은 그 자리에 자리를 잡았다.

두 나라는 단순한 공감대를 넘어, 전술적 교환의 무대 위에 올라섰다. 러시아는 군수 물자가 부족했고, 북한은 그것을 공급할 수 있는 몇 안 되는 파트너였다. 반대로 북한은 첨단 군사기술과 정치적 안전망을 필요로 했고, 러시아는 이를 제공할 수 있었다.

거래는 조용히, 그러나 분명하게 이뤄지고 있었다.

- 경제와 문화의 동시 확장

이 협력은 총성과 미사일만의 이야기가 아니다. 2023년 정상회담에서는 곡물 협력, 극동 개발, 나진-하산 물류 프로젝트, 신두만강대교 건설, 항공 노선 재개, 교육과 문화 교류까지 다양한 협력이 논의됐다.

두 나라는 단지 과거의 냉전 동맹을 되살리는 것이 아니라, 새로운 형태의 '다극 세계 질서 속 전략 동반자'로 거듭나고 있었다.

북한에게 러시아는 단순한 우방이 아니다. 생존의 통로이자, 독립 외교의 지렛대다. 러시아에게 북한은 국경 안보의 완충지이자, 전략적 레버리지가 된다. 특히 우크라이나 전쟁이 길어질수록, 북한과의 협력은 러시아에게 '방패'이자 '창'이 된다.

- 한반도를 넘는 전략적 시선

북한의 시선은 이제 단지 한반도를 향하고 있지 않다. 김정은은 푸틴과의 협력을 통해 미국과 서방의 '압박 벨트'에서 벗어나고자 한다. 러시아와의 관계를 통해 자신의 국제적 입지를 확장하고, 동시에 체제 안정과 군사 자립의 기반을 강화하려는 전략이 깔려 있다.

북러 관계는 이제 과거의 회고적 동맹이 아니라, 현대적인 전략 협력의 전면으로 재편되고 있다. 그리고 이 협력은 단지 두 나라만의 문제가 아니다. 그것은 동북아 전체의 안보 균형, 더 나아가 신냉전 구도 속에서 형성되는 새로운 축의 움직임을 예고하는 장면이다.

- 철도 위의 약속, 나진에서 하산까지

러시아와 북한이 다시 마주 앉은 회담의 테이블 위에는, 무기와 원유만이 아닌 철도와 항만, 물류와 산업이 올랐다. 특히 주목을 끄는 것은 나진-하산 프로젝트의 부활이다. 이 프로젝트는 단순한 물류 협력을 넘어, 북한이 러시아를 통해 외부 세계로 연결되는 창구를 다시 열겠다는 선언에 가깝다.

과거, 나진항을 통해 러시아산 석탄이 수출되고 철도가 시베리아를 지나 유럽까지 연결되는 구상이 있었지만, 제재와 긴장으로 흐지부지되었다. 그러나 최근 들어 다시금 이 프로젝트가 주목받는 이유는 명확하다. 북한은 고립된 경제 구조를 벗어나고 싶고, 러시아는 제재로 막힌 길을 새로운 우회로로 풀고 싶기 때문이다.

- 경제만이 아니다: 문화를 나누고, 사람을 잇는다

놀라운 변화는 또 있다. 이번 북러 정상회담 이후 논의된 협력 분야는 물류와 에너지에 국한되지 않았다. 교육, 문화, 보건, 민간 교류까지 다양한 영역에서 손을 잡겠다는 계획이 발표된 것이다.

이는 이례적인 일이다. 무기 대신 도서를, 석유 대신 의약품을 논의하는 회담. 러시아는 북한 유학생들을 받아들일 준비를 하고 있고, 북한도 자국 학생들의 과학·기술 역량을 키우기 위해 러시아의 도움을 기대하고 있다. 러시아의 첨단기술과 교육 인프라, 북한의 인적자원 개발에 대한 열망이 만나는 지점이다.

또한 의료 분야 협력도 눈에 띈다. 낙후된 북한의 보건 체계에 러시아의 기술과 의약품, 전문 인력이 들어온다면 이는 단순한 지원을 넘어 사회 기반 개선의 신호탄이 될 수 있다.

- 전략적 동반자, 그 의미

'전략적 동반자 관계'라는 표현은 흔히 외교문서에서 등장하는 딱딱한 단어지만, 북한과 러시아 사이에선 그 단어가 꽤 생생하게 다가온다. 이들은 이제 군사적 우방을 넘어, 서로에게 실질적 이익을 줄 수 있는 협력의 틀을 만들고 있다.

북한은 러시아와의 협력을 통해 단순한 생존을 넘어 '자립적 발전'이라는 꿈을 다시 꾸기 시작했다. 러시아는 북한과의 연대를 통해 고립된 자신에게 우군을 확보하고, 아시아로 향하는 새로운 출구를 열고 있다.

양국이 꿈꾸는 이 관계는 단지 과거의 영광을 복원하는 것이 아니다. 새로운 질서 속에서 서로의 존재감을 확대하기 위한 '동반 상승'의 실험인 셈이다.

- 다시 묻는 질문, 이 연대는 어디로 향할까

물론 이 모든 협력이 장밋빛 미래를 보장하는 것은 아니다. 국제 제재와 외교적 고립이라는 현실은 여전히 존재하며, 북러 협력이 국제사회의 견제를 받을 가능성도 크다. 그러나 분명한 것은 있다. 지금 북한과 러시아는 상호 필요에 의한 선택을 하고 있으며, 그 선택은 점점 더 다양하고 깊어지고 있다는 점이다.

이제 북한은 러시아라는 오래된 이웃과 손을 맞잡고 경제·사회·문화 전반에 걸친 새로운 활로를 모색하고 있다. 이 관계가 향후 어떤 실질적 성과를 낼지, 그리고 한반도의 긴장 구조 속에서 어떤 균열을 만들어 낼지, 우리는 주의 깊게 지켜봐야 한다.

2

중국의 역할과 제한적 관계

- 북중 관계의 역사적 발전

동아시아에서 중국과 북한은 오랜 우호적인 관계를 유지해 온 두 나라이다. 북한의 수립 초기부터 오늘날까지, 이 두 나라는 '혈맹'이라는 명칭을 자주 사용하며 서로의 안보와 이익을 공유하는 관계를 지속해 왔다. 그러나 그 관계가 단순한 혈맹을 넘어서, 전략적 협력으로 변화해 온 배경을 이해하는 것은 매우 중요한 의미를 지닌다.

북중 관계의 기원은 한국전쟁에 뿌리를 두고 있다. 1950년, 북한의 김일성은 전쟁의 승리를 자신하며 3개월 안에 한반도의 통일을 이룰 수 있다고 호언장담했다. 그러나 전쟁은 예상과는 달리 UN군의 인천상륙작전 성공으로 전세가 역전되었고, 북한은 급히 후퇴하게 되었다. 그때 김일성은 중국에 도움을 요청했고, 마오쩌둥은 북한을 돕기 위해 약 25만 명에 달하는 중국 인민지원군을 파병하기로 결정을 내렸다.

이는 북한을 위한 단순한 군사적 지원이 아니라, 중국의 국가 안보를 지키기 위한 중요한 결정이었다. 중국군의 참전으로 한국전쟁은 새로운 국면을 맞았고, 이는 북중 동맹의 역사적인 기초가 되었다.

6.25 전쟁이 끝난 후, 1953년 정전협정을 맺으면서 북중 관계는 더욱 돈독해졌다. 한국전쟁에서 함께 피를 흘리며 싸운 양국은 상호 우호적인 분위기 속에서 관계를 시작했다. 1961년에는 '조중 우호협력 및 상호원조 조약'을 체결하여, 양국은 군사적 동맹관계를 공식화했다.

이 조약은 북중 양국이 서로 전쟁을 겪을 때 상호 지원을 약속하는 내용으로, 이는 단순히 군사적 협력을 넘어 정치적, 경제적 협력을 강화하는 중요한 기반이 되었다. 중국은 소련과의 갈등 속에서 북한을 전략적으로 중요한 국가로 여기며, 북한의 안전을 보장하려는 의도를 분명히 했다. 북한은 중국의 지원을 통해 자신들의 안보를 강화하고, 중국과의 긴밀한 협력 관계를 구축하려 했다.

북중 관계는 마오쩌둥 시대부터 시작되어, 중국의 여러 정권을 거쳐 오늘날 시진핑 정부까지 이어져 왔다. 마오쩌둥은 "입술이 없으면 이가 시리다"는 명언을 남기며 북한과의 협력 관계를 강조했다. 중국의 군사적 개입과 함께 시작된 북중 동맹은, 중국이 북한의 안전을 보장하려는 전략적 목적을 가지고 있었음을 알 수 있다. 이후, 북한은 중국의 지원을 받으며 한반도의 안정을 지키기 위해 상호 협력을 이어 갔다.

- 동맹에서 전략적 협력으로: 북중 관계의 또 다른 얼굴

21세기 들어, 북중 관계는 새로운 국면을 맞이했다. 북한은 중국에 대한 경제적 의존도를 줄이려는 노력을 기울이고 있지만, 여전히 중국은 북한의 주요 경제적 파트너로 남아 있다. 동시에 중국은 북한의 핵 개발과 관련하여 국제사회의 압박을 피하기 위한 '균형의 외교'를 추진하고 있다. 북한의 핵 개발은 중국에게도 중요한 외교적 과제가 되며, 중국은 북한과의 관계에서 전략적 거리두기를 시도하면서도 동시에 한반도의 평화와 안정을 유지하려는 의도를 가지고 있다.

중국과 북한은 오랜 역사적 배경을 가진 특별한 관계를 유지해 왔다. 두 나라의 관계는 단순한 우정에 그치지 않으며, 정치적, 군사적, 경제적 이해관계가 얽혀 있는 복합적인 구조를 지닌다. 6.25 전쟁 당시부터 형성된 군사 동맹 관계는 현재까지도 중요한 협력의 기초를 이루고 있다. 중국이 북한과의 관계를 지속적으로 중요시하는 이유 중 하나는 북한이 지정학적으로 매우 중요한 위치를 차지하고 있기 때문이다. 북한은 중국과 약 1,300km에 달하는 국경을 공유하고 있으며, 이는 중국에게 전략적인 가치가 크다. 북한이 불안정해지면, 중국은 국경에서 발생할 수 있는 다양한 문제에 직면할 수 있다. 특히, 북한에서 대규모 난민이 발생하면 중국은 막대한 경제적 부담을 지게 될 것이다. 이를 방지하기 위해 중국은 북한에 대한 원조를 계속하며, 북한의 경제적 안정과 군사적 자립을 지원하고 있다. 북한은 중국에 경제적으로 의존하면서도 자주성을 강조하고 있다. 북한은 원유, 식량, 화학비료 등을 중국으로부터 무상으로 지원받으며, 이를 통해 생존을 이어 가고 있다.

그러나 북한은 경제적 의존도를 줄이기 위해 다양한 전략을 모색하고 있으며, 이를 통해 외교적 자율성을 추구하고 있다. 이러한 전략은 북한이 자주적이고 독립적인 국가로서의 입지를 확립하려는 의지의 표현이지만, 현실적으로는 중국에 대한 경제적 의존을 벗어나기 어려운 상황이라는 점에서 균형을 맞추는 일이 중요하다.

중국은 북한을 군사적 자립을 유지할 수 있도록 돕고 있으며, 이를 통해 양국의 관계는 경제적 협력을 넘어서 군사적 협력으로까지 확장되었다. 북한의 국방을 강화하기 위한 지원뿐만 아니라, 대북 경제적 지원은 중국의 전략적 이익에 맞춰져 있다. 중국은 한반도의 안정을 위해 북한을 지원하며, 이 지원을 통해 자국의 국가 안보를 보장하는 동시에 북한의 불안정성을 방지하려 한다. 또한, 북한이 중국의 경제 지원에 의존하는 만큼, 북한은 경제적 자립을 위해 자주적인 정책을 추진하고 있으나, 그 속에서 중국과의 관계를 끊을 수 없는 현실적인 어려움이 있다.

1980년대에 들어 중국은 덩샤오핑의 개혁개방 정책을 통해 북한과의 경제적 교류를 더욱 확대했다. 중국은 북한에 원유와 식량을 지원하며, 북한의 경제적 안정에 중요한 역할을 했다. 이러한 지원은 북한과의 협력 관계를 강화했으며, 양국의 관계는 군사적, 경제적, 정치적 측면에서 더욱 긴밀해졌다. 특히, 중국은 북한의 군사적 자립을 지원하면서, 동시에 북한의 경제적 안정을 도왔고, 이는 양국 관계의 발전에 큰 기여를 했다. 결국, 중국과 북한의 관계는 단순히 과거의 군사적 동맹을 넘어, 현재와 미래의 정치적, 경제적 이해관계에 깊게 뿌리내린 관계이다.

중국은 북한을 전략적 파트너로 인식하며, 북한의 경제적 자립과 군사적 안정에 대한 지원을 아끼지 않는다. 북한은 중국의 지원을 받으면서도 자주성을 강조하며, 중국과의 의존도를 줄여나가려는 노력을 지속하고 있다. 이러한 관계는 양국의 실용적 이해에 따라 계속해서 발전하고 변화할 것이다.

- 북한의 전략적 줄타기

중국은 중국과의 관계 관리에서 북한은 중요한 전략적 선택을 해야 한다. 중국은 북한과의 관계를 매우 중요하게 여기고 있다. 이는 단순히 두 나라 간의 역사적인 동맹 관계에 그치지 않고, 한반도와 동북아시아의 안정을 위한 중대한 외교적 역할을 포함하고 있기 때문이다. 북한은 중국과의 관계를 통해 경제적 지원과 안보적 보장을 얻으며, 이를 바탕으로 자국의 발전과 생존을 도모하고 있다.

그러나 이러한 관계의 본질은 단순히 우호적 협력 관계에 그치지 않는다. 중국은 북한과의 관계를 통해 한반도의 평화와 안정을 유지하려는 의도를 확고히 가지고 있다. 북한이 너무 러시아와의 관계를 강화하는 것을 경계하는 중국은, 북한이 다른 강대국과의 협력에서 지나치게 벗어나지 않도록 중요한 중재자로서의 역할을 담당하고 있다. 북중러 관계에서 중국은 중요한 균형을 맞추려 한다. 북한과의 협력은 중국의 국가 이익을 충족시키는 동시에, 러시아와의 전략적 밀착을 우려하는 마음에서 비롯된 것이다. 중국은 북한이 국제적으로 고립되거나, 너무 러시아와 가까워지는 것을 원치 않는다. 이처럼 중국은 북한의 핵과 미사일 문제를 포함한 한반도 정세에서 중요한 역할을 한다.

중국은 북한의 핵무기 보유에 대해서도 일정 부분 수용하는 태도를 취하며, 북한의 안보 우려를 이해하려는 노력을 보인다. 그러나 이는 단순히 북한을 지원하는 차원이 아니라, 한반도의 전반적인 안정을 추구하는 차원에서 이루어지고 있다. 북한이 핵 개발을 계속 진행한다면, 이는 중국의 안보와 직결되는 문제이기 때문이다. 중국은 북한의 군사적 도발에 대해 일관되게 중립적인 입장을 취하면서도, 북한이 국제사회와의 협력을 통해 안정을 찾기를 바란다. 그럼에도 불구하고, 중국은 북한의 핵무기 문제에 대해 지속적으로 압박을 가하려는 의도를 가지고 있다.

북한이 국제적 압박을 받는 가운데, 중국은 북한의 독립적인 외교적 선택을 보장하려면서도, 한편으로는 중국의 전략적 이익을 보호하는 균형을 맞추려 한다. 따라서 북한은 중국과의 관계에서 긴밀히 협력하면서도, 러시아와의 전략적 관계를 강화하는 일에 신중을 기해야 한다. 중국은 북한을 중요한 동맹국으로 여기지만, 그와 동시에 북한의 국제적 고립을 방지하고 한반도의 평화를 위한 중재자로서의 역할을 유지하려는 의지를 지속적으로 밝혀 왔다.

북한은 중국의 이러한 전략적 의도를 잘 이해하고, 그에 맞는 외교적 균형을 이뤄야 할 것이다. 결국, 중국과 북한의 관계는 단순히 협력적인 우호 관계가 아니라, 지역 안보와 정치적 균형을 유지하려는 복잡한 외교적 맥락 속에서 계속해서 변화하고 발전하는 관계임을 염두에 두어야 한다.

- 대립을 피하는 자의 외교술: 중국이 꿈꾸는 '냉정한 평화'

세상은 또다시 긴장으로 얼어붙고 있다.

서로를 겨눈 시선은 날카롭고, 말 한마디에도 전선이 흔들린다.

어떤 이들은 "신냉전이 시작됐다"고 말하지만, 모든 국가가 그 전선에 똑같은 방식으로 발을 들이는 것은 아니다.

중국은 지금, 그 흐름을 조심스럽게 거슬러 오르고 있다.

"싸우지 않고 이기는 것이 최상의 전략이다."

손자병법의 고전적 문장이, 오늘날 중국 외교의 심장부에서 되살아나는 듯하다. 미국과의 전략적 경쟁이 날이 설수록, 중국은 전면적인 대립보다는 '협력 속의 경쟁'을 택하고 있다.

이것이 바로 중국식 실용주의다.

불필요한 충돌은 피하되, 자신이 원하는 판은 조용히 만들어 간다.

지금 이 순간, 북중러 삼각협력이라는 구도도 중국에겐 단순한 편가르기의 문제가 아니다. 러시아가 서방과 날을 세우고, 북한이 핵실험으로 강경한 메시지를 보낼 때에도 중국은 한 발 물러나 있다.

"같은 방향을 보는 친구"일 수는 있지만, "같은 속도로 달리는 동지"가 되는 것은 다르다. 중국은 이 삼각관계가 과열되기를 바라지 않는다.

너무 가까워지면 미국과의 마찰이 심화되고, 너무 멀어지면 자신의 전략적 지렛대가 사라진다. 그래서 중국은 이 세 국가의 관계를 마치 온도 조절하듯, 37도를 넘지 않게 관리하고자 한다.

그들에게 중요한 것은 '혈맹'이 아니라 '균형'이다.

북한과의 관계에서도 중국은 복잡한 셈법을 계산한다.

한편으로는 북한을 전략적 완충지대이자 경제 협력 파트너로 유지하고 싶어 한다. 다른 한편으로는 북한의 돌출 행동이 국제사회의 제재를 유발하고, 그 여파가 중국에까지 미치는 상황은 원치 않는다.

그래서 중국은 북한이 너무 고립되지 않게 손을 잡아 주면서도, 그 손이 국제사회에서 도마에 오르지 않도록 절묘하게 조율한다.

북한의 체면을 세워 주는 동시에, 국제적 신뢰를 잃지 않으려는 양면 외교, 이것이야말로 중국 특유의 '중재자' 본능이다.

동북아에서의 안정은 중국이 외교에서 가장 중시하는 키워드 중 하나다. 북핵 문제, 한반도 긴장, 러시아의 군사행보… 이 모든 요소들이 흔들릴 때, 중국은 끊임없이 자신을 '조율자'로 위치시킨다.

왜냐하면 그 안정이 바로 자국의 성장과 연결되어 있기 때문이다.

겉으론 조용하지만, 물밑에선 치열하다.

중국은 경제적 이익, 정치적 체면, 그리고 글로벌 이미지. 이 세 가지를 모두 만족시키는 길을 찾고자 한다. 그래서 싸우지 않고, 대신 말하고 설득하고 때론 침묵한다.

외교란 결국, 힘을 사용하는 방식이 아니라 힘을 다루는 방식의 문제이기 때문이다.

중국의 외교는 단순히 '강한 나라'가 되기 위한 전략이 아니다.

그들은 자신들이 세계의 질서를 무너뜨리는 존재가 아닌, 새로운 질서를 만드는 존재로 보이기를 원한다. 그 질서의 중심에는 협력과 균형, 그리고 냉정한 평화가 있다.

결국, 중국이 신냉전을 거부하는 이유는 단순한 외교 기술의 문제가 아니다. 그것은 중국이 스스로를 바라보는 방식, 그리고 이 세계에서 자리를 만들어 가는 방식의 총합이다. 그리고 그 선택은 지금도 조용히, 그러나 확실하게 아시아의 외교 지형을 바꾸고 있다.

3

북중 관계, 형제의 그림자는 깊어진다

코로나19 이후, 북한과 중국의 관계는 예전과 사뭇 달라졌다.

가까운 국경, 오랜 역사, 그리고 '혈맹'이라는 수식어에도 불구하고, 양국 관계는 어느 때보다 냉랭한 기류를 타고 있다.

김정은 위원장은 공개 석상에서 중국을 은근히 비판했고, 내부적으로는 "중국 의존을 줄이라"는 지침을 무역 간부들에게 수차례 하달했다고 한다. 북한 내부에서는 중국에 너무 기대서는 안 된다는 인식이 퍼지고 있었다. 그러나 현실은 그리 녹록치 않았다. 국경이 맞닿아 있고, 다른 어떤 나라보다 소통이 용이한 중국은 북한이 예상치 못한 상황에 부딪힐 때마다 가장 먼저 손을 내밀어 주는 '형' 같은 존재였다.

과거에는 김일성, 김정일 시절에 국가적으로 어려운 문제가 생기면 중국을 방문해 해결 실마리를 얻어 오는 것이 일종의 관례처럼 여겨지기도 했다. 하지만 김정은 시대는 달랐다.

2012년부터 그는 '자력갱생'을 수십 차례 강조하며, 중국에 대한 경제적 의존도를 줄일 것을 줄곧 요구했다. 그럼에도 불법 무역이나 마약 유통과 같은 문제는 사실상 방치되었고, 이는 중국의 심기를 건드렸다.

가장 큰 균열은 북한이 러시아와 군사협정을 맺으면서 생겼다. 이를 불쾌하게 여긴 중국은 수십 년간 '차관' 형식으로 북한 평북도의 봉화화학공장에 제공해 오던 원유 수십만 톤을 전격 차단했다. 이 사업은 김씨 3대 세습 체제 동안 단 한 번도 중단된 적이 없었던 장기 협력의 상징이었기에, 이번 조치는 중국 정부의 분명한 경고로 해석된다.

뿐만 아니라, 중국이 매해 무상으로 제공해 오던 2억 위안 규모의 경제 지원금도 끊겼다. 북한은 이 자금으로 비료나 필수 물자를 구입해 왔는데, 이 돈줄마저 막히면서 자력으로 살아가라는 지시만 되풀이되는 북한 내부에 국민들의 한숨 소리만 깊어지고 있다.

오랜 '우호'라는 말이 무색해지는 순간이다. 눈에 보이지 않던 갈등이 이제는 하나둘 구체적인 '단절'로 드러나고 있다. 북한이 외교적 외톨이가 되어 가는 가운데, 중국마저 등을 돌린다면 김정은 체제는 스스로 내세운 자립의 길이 과연 지속 가능한 것인지 고민해 봐야 할 것이다.

4

지렛대 위의 외교술: 북한이 균형을 잡는 법

국제정치는 거대한 추의 저울처럼, 늘 어딘가로 기울어지려 한다.

그러나 북한은 이 기울어진 세계에서 자신만의 무게추를 만들어 냈다.

그 무게추의 이름은 '핵'이며, 그것을 받치는 지렛대의 끝에는 두 강대국 중국과 러시아가 있다.

북한의 외교는 단순하지 않다.

우리는 종종 북한이 중국에 종속되어 있다고 생각하지만, 그것은 절반의 진실일 뿐이다.

북한은 단순한 피후견국이 아니다.

오히려 두 강국 사이에서 자신만의 입지를 만들고자 하는, 영리한 줄타기 외교를 펼치고 있다.

이 전략은 마치 줄에 올라선 곡예사 같다.

균형을 잡기 위해 그는 양손에 막대기를 들고, 양쪽의 무게를 세심하게 조절한다. 북한에게 있어 이 막대기의 한쪽은 러시아, 다른 한쪽은 중국이다.

그리고 그의 발 아래에는 '핵'이라는, 누구도 건드릴 수 없는 도구가 단단히 박혀 있다.

북한은 이 핵을 단지 군사적 억지력으로만 사용하지 않는다.

그들에게 있어 핵은 외교의 협상 카드이며, 국제정치에서 발언권을 확보하기 위한 자산이다. 중국에게는 "우리가 핵으로 미국을 견제하고 있으니, 당신들의 전략적 완충지대 역할을 충실히 하고 있다"고 말할 수 있고, 러시아에게는 "우리의 군수 능력과 핵 기술이 당신들의 서방 압박 대응에 보탬이 될 수 있다"고 내세울 수 있다.

이른바 쌍방 견제형 협력, 혹은 교차 전략의 외교술이다.

북한은 중국과 경제적으로 엮이되, 지나치게 의존하지는 않으려 한다.

동시에 러시아와 군사적으로 밀착하되, 푸틴의 요구에 전적으로 끌려가지도 않는다. 양국 모두 북한에게 중요하지만, 그 어느 누구도 북한의 결정권을 대신할 수 없다는 것이 김정은의 원칙이다.

더 흥미로운 점은, 이 모든 전략의 중심에 북한 스스로가 있다는 것이다. 그들은 외교 관계에서 단순한 '상대국의 변수'가 아니라,

'자기중심의 방정식'을 짜고 있다. 필요할 땐 러시아에 가까이 다가가고, 민감한 시점엔 중국과 거리를 둔다. 때론 두 나라를 교묘히 경쟁시키며, 그 틈에서 자신이 원하는 조건을 얻어 낸다.

이러한 접근은 단기적 '생존 전략'에서 장기적 '주권 외교'로 확장된다. 북한은 자신이 하나의 자주 국가로서 글로벌 정치 무대에서 교환 가능한 카드가 아니라, 주체적 플레이어임을 증명하고자 한다.

즉, '누군가에게 보호받는 존재'가 아니라 '누군가를 협상 테이블로 끌어들이는 존재'로 남고자 한다.

물론 이 전략에는 위험도 따른다. 균형이 무너질 경우, 외교 고립은 순식간에 위기로 이어질 수 있다. 그러나 지금까지 북한은 놀라운 집중력으로 이 지렛대를 놓치지 않고 있다.

핵이라는 '무게 중심'이 그들에게 정당성을 부여하고, 중·러와의 관계는 그들이 세계 정치에서 외면당하지 않도록 연결해 주는 두 갈래의 다리 역할을 한다. 결국, 북한의 외교는 단순한 생존술이 아니다.

그것은 '주체적 외교 독립'을 위한 정교한 게임이며, 때로는 비대칭 무기를 협상의 칩으로 사용하는 고차원적 전략이다. 북한은 이 전략을 통해 스스로의 위치를 만들어 가고 있으며, 그 외교적 무대는 생각보다 훨씬 넓고 깊다. 지금 이 순간에도 그들은 외교의 저울 위에서 균형을 잰다.

어느 쪽에도 넘어가지 않기 위해, 그리고 자기 무게로 세계를 흔들기 위해.

- 그날 이후, 북중 사이에 드리운 그늘: 장성택의 그림자

 2013년 겨울, 평양에서 들려온 소식은 세상을 놀라게 했다.
 김정은 정권의 실세이자 고모부였던 장성택이 반역의 죄목으로 공개 처형당했다는 보도였다. 그러나 이 사건은 단순한 권력 숙청의 차원을 넘어, 북한과 중국 사이의 복잡한 관계를 가로지르는 굵은 금을 그어 놓는 순간이기도 했다.
 장성택은 북한 체제 내부에서 보기 드문 인물이었다. 그는 보수적이며 고립적인 북한 정치판에서 유일하게 중국과의 실용적 협력을 주장하던 '창밖을 보는 사람'이었다. 중국식 시장 개방 모델에 관심을 가졌고, 북한 내부에 경제특구를 유치하려 애썼다. 그의 존재는 김정은 체제 초기에 하나의 '완충지대'였고, 동시에 중국에게는 가장 믿을 수 있는 창구였다.
 하지만 김정은은 그런 완충지대를 허용하지 않았다. 장성택의 제거는 명백한 선언이었다. "북한의 길은 북한이 정한다." 그것은 곧 중국식 개혁개방을 따르지 않겠다는, 자립과 폐쇄의 노선을 강화하겠다는 신호였다. 처형 이후 북한은 대외적으로 고립을 자초했고, 특히 중국과의 관계는 얼어붙었다.

중국은 충격에 빠졌다.

장성택은 베이징이 믿고 대화하던 사람이며, 경제협력의 실무 창구이자 '북중 관계의 윤활유' 같은 존재였다.

그의 사라짐은 곧 중국의 대북 영향력 상실을 의미했다. 북한에 대한 신뢰가 무너졌고, 곧이어 식량 지원과 화학비료, 연료 공급 등이 눈에 띄게 줄어들었다. 그 결과, 북한 경제는 차디찬 겨울을 맞이했다.

하지만 북한은 물러서지 않았다. 경제적 고통이 가중됐지만, 김정은은 체제의 중심을 더욱 단단히 조이고 자립경제 노선을 강조했다.

중국의 도움 없이 살아남겠다는, 일종의 선언적 실험이었다.

김정은은 그 실험의 대가로 민생의 어려움, 원료 부족, 물가 급등을 감수해야 했다. 그러나 그 대가는 어쩌면, 중국으로부터의 정치적 독립을 얻기 위한 불가피한 비용이었을지도 모른다.

중국 역시 단순히 등을 돌린 것은 아니었다.

북한의 핵실험이 이어지자 유엔 안보리 대북제재에 동참했고, 일정 수준의 압박도 가했다. 그러나 베이징은 북한을 완전히 버리지 않았다.

그들은 알고 있었다. 미국과의 패권 경쟁이 점차 격화되는 상황에서, 북한이라는 존재는 여전히 '전략적 완충지대'로서 유효하다는 것을.

양국의 관계는 그렇게 새로운 국면을 맞았다.

더 이상 혈맹도, 동지적 연대도 아니었다. 형식적으로는 가까워 보이지만, 실제로는 이해관계에 따라 유동하는 실용적 거리두기.

김정은은 중국의 도움을 받되, 그 영향력에는 저항하며 균형을 맞추려 했다. 중국은 북한의 도발을 제어하려 애쓰면서도, 미국의 압박을 견디기 위한 카드로 북한을 여전히 쥐고 있었다.

장성택이 사라진 자리에는 새로운 질서가 들어섰다. 이제 북중 관계는 한때의 신념보다 훨씬 계산적이다.

협력은 하되, 신뢰는 제한적이다.

지원은 하되, 통제는 어려운 상태다.

그 가운데 북한은 여전히 스스로를 '자주국가'라 외치며, 동북아시아라는 정세의 바다 위에서 독자적인 항로를 개척해 나가고 있다.

장성택의 처형은 단지 한 인물의 제거가 아니었다.

그것은 북중 관계의 전환점, 자주 외교의 시험대, 그리고 한 국가가 어떤 대가를 치르더라도 독립성을 지키고자 한 극적인 선언이었다.

시간이 흘러도, 그날의 그림자는 사라지지 않는다. 장성택이 떠난 자리에서 시작된 균열은 지금도 두 나라 사이에 조심스럽게 패턴을 만들고 있다. 그 패턴은 갈등과 협력, 고립과 연대, 의존과 자주의 기묘한 교차점 위에 서 있다.

- 고립 속의 균형 감각: 북한의 자주 외교란 무엇인가

북한 외교의 가장 강한 언어는 다름 아닌 '자주'다. 비록 세계의 변방에서 고립된 듯 보일지라도, 그들은 단 한 번도 스스로를 '소외된 나라'로 규정한 적이 없다. 오히려 고립은 의도된 것이며, 자주성은 국가의 정체성이라는 인식 아래, 북한은 지금도 세계를 향해 자신만의 방식으로 말을 건네고 있다.

중국과 러시아, 두 거대한 이웃은 북한에게 오랜 파트너이자 복잡한 과제다. 이들과의 협력은 북한이 살아남기 위한 현실적인 해법인 동시에, 그 자주성을 시험하는 거울이기도 하다.

북한은 이 양대 강국과 손을 잡되, 결코 그 그늘에 머무르지 않겠다는 분명한 메시지를 보내고 있다.

북한의 외교전략은 늘 일종의 줄타기였다.

중국이 제공하는 식량과 에너지는 북한의 일상에 필수적이지만, 지나친 의존은 곧 정치적 종속이라는 위험을 내포한다.

북한은 그 위험을 너무도 잘 알고 있다.

그래서 '중국에 기대되지만 끌려가지 않는다'는, 절묘한 외교적 균형을 유지하려 한다.

중국이 북한을 전략적 완충지대로 간주하고 있는 동안, 북한은 그 '완충'의 대가로 스스로의 존재감을 높여 왔다. 때로는 협조를 약속하고, 때로는 미사일을 쏘아 경고를 보낸다. 이 모든 행위는 북한식의 외교 언어, 그들의 자주적 표현 방식이다.

러시아와의 관계는 또 다른 축이다. 우크라이나 전쟁 이후 러시아는 서방으로부터 밀려난 외교공간을 동쪽으로 확장하고 있고, 북한은 그 공간에서 반갑게 손을 내민 국가 중 하나다. 군사 협력, 자원 교류, 외교적지지, 이 모든 교환은 단순한 동맹을 넘어선 전략적 계산이 깔려 있다. 북한은 러시아를 통해 중국과의 힘의 균형을 맞추고, 동시에 국제사회에서의 입지를 한층 다변화하려 한다.

그러나 자주적 외교는 협력만으로 완성되지 않는다.

북한은 외교적 독립을 추구하기 위해 끊임없이 내부 역량을 강조한다.

경제 자립, 군사 자강, 외교 다변화, 이 세 가지 키워드는 북한이 '스스로의 길'을 걷고 있음을 보여 주는 상징들이다.

경제적으로는 제한된 자원 속에서도 '우리식 경제관리'를 고수하며, 가능한 한 외부 개입을 최소화하려 한다. 군사적으로는 러시아 기술을 빌리면서도, 핵 개발과 미사일 기술에서 '북한식 독창성'을 앞세운다.

외교적으로는 국제 제재 속에서도 아프리카, 중동, 동남아의 비동맹 국가들과의 교류를 확대하며, '반서방 연대'라는 새로운 외교 연합을 상상하고 있다.

이처럼 북한의 자주적 외교는 단순한 고립의 결과가 아니다.

오히려 그것은 치밀한 계산과 오랜 축적 속에서 구현된 '독립적 생존 전략'이다. 북한은 중국과 러시아, 두 나라 사이의 외교적 경계선을 의식적으로 넘나들며, 스스로의 외교 독립성을 증명하려 하고 있다.

물론 그 길은 외롭고 험난하다.

자원은 부족하고, 국제사회는 등 돌렸으며, 내부는 언제나 긴장으로 팽팽하다. 하지만 북한은 그 모든 악조건 속에서도 자주 외교를 포기하지 않는다. 그것은 체제의 정당성인 동시에, 생존의 전략이기 때문이다.

자주적 외교란 무엇인가.

그것은 세계의 강자 앞에 당당히 서겠다는 의지이고, 어떤 대가를 치르더라도 스스로를 지키겠다는 선언이다.

그리고 북한은 지금, 그 선언을 실천하고 있다.

고립 속에서도 균형을 유지하려는 몸짓,

협력과 독립 사이에서 줄을 당기고 놓기를 반복하는 손끝,

그 모든 움직임이 모여, '북한식 자주 외교'라는 독특한 형태를 만들어 낸다. 그것이야말로, 오늘날 국제 질서 속에서 북한이 자신을 말하는 방식이다.

누가 듣든 듣지 않든, 그들은 자주를 외친다.

그리고 그 외침은, 여전히 진행 중인 이야기다.

5

북·중·러 삼각협력의 동향과 전망

- **삼각의 기하학, 북중러의 새로운 거리**

북한은 지금, 외교의 저울추를 다시 달고 있다.

그 오랜 친구, 중국. 너무 가까웠기에 때론 숨 막혔던 관계.

그리고 지금은 러시아라는 새로운 균형추를 손에 쥐고 있다.

한때 북한 외교는 "중국 의존"이라는 말로 요약되곤 했다. 식량이 필요할 때, 기술이 필요할 때, 심지어 국제무대에서 숨구멍이 필요할 때마다 늘 중국이 그 자리에 있었다.

하지만 지금, 북한은 다르게 움직이고 있다.

의존에서 자립으로, 수동에서 주도권으로.

그 중심에는 '삼각'이라는 기하학적 외교 구도가 있다.

북·중·러. 이 세 나라는 공통된 외부 위협, 즉 서방 세계의 압박이라는 틀 속에서 자연스럽게 손을 잡아가고 있다.

그러나 그 협력은 단순한 우정이 아니다. 각자의 전략, 각자의 셈법, 각자의 갈증이 그 손을 이끌었다.

북한에게 러시아는, '중국 밖의 출구'다. 러시아와의 협력을 통해 북한은 중국이 제공할 수 없는 무언가, 예컨대 군사기술, 원자재 교환, 더 느슨한 외교 조건 등을 확보할 수 있다. 북한은 이 기회를 이용해 중국 의존도를 낮추고, 러시아와의 전략적 공조를 통해 새로운 자립 기반을 만들고자 한다.

그것은 단순한 외교적 다변화가 아니다. 북한은 이로써 스스로를 "외부 영향에서 자유로운 국가"로 서서히 바꿔 가려 한다.

러시아 또한 이 관계에서 적지 않은 보상을 얻는다. 국제 제재 속에서 점점 좁아지는 경제적 숨통, 우크라이나 전쟁이라는 긴 소모전, 그리고 동아시아에서 영향력을 유지하려는 지정학적 욕망.

이 모든 것들이 북한과의 협력을 더욱 절실하게 만든다.

푸틴은 알고 있다. 북한이 제공하는 값싼 노동력, 군수 물자, 그리고 전략적 요충지로서의 의미가 결코 가볍지 않다는 것을.

중국의 입장은 조금 복잡하다.

표면적으로는 북중러 삼각의 '연대'를 환영하는 듯하지만, 실제로는 그 밀착이 과도해지는 것을 경계한다.

북한이 러시아 쪽으로 치우칠수록, 중국의 외교적 장악력은 줄어들고, 한반도에서의 영향력도 약화될 수 있기 때문이다.

게다가 북한이 러시아와 군사·경제 협력을 강화하면서 자주성을 앞세우면, 중국은 더 이상 '후견인'이 아니라 '옵션 중 하나'로 전락할 수도 있다.

북한은 이 틈을 파고든다.

- 지렛대 외교

중국과 러시아 사이에서 줄다리기를 하며, 더 많은 자원을, 더 유리한 조건을, 더 폭넓은 자율권을 확보하려는 전략이다.

이 전략은 불안정해 보일 수 있지만, 지금 북한은 그 어느 때보다 능동적으로 움직이고 있다. 더 이상 끌려가는 국가가 아니라, '줄을 당기는 국가'로서 존재감을 키워 가고 있는 것이다. 그리고 이 모든 흐름은 단지 외교의 언어에만 머무르지 않는다. 북한 내부의 산업 전략, 국방체계, 외화 획득 방식, 심지어 교육과 기술 이전 구조까지도 이 삼각관계에 따라 방향이 달라지고 있다. 이제 우리는 물어야 한다.

이 복잡한 삼각의 각도 속에서, 북한은 진정한 독립을 꿈꾸는가, 아니면 또 다른 의존의 이름을 바꿔 부르는 것인가?

분명한 것은 하나다. 지금 북한은 '관계의 중심'을 향해 움직이고 있다. 누구의 뒷자리에 앉는 것이 아니라, 좌석을 재배열하려 한다.

그리고 이 실험이 성공할지, 실패할지는 동북아 전체의 질서를 흔들 수 있는 문제다. 북중러의 삼각은 이제 더 이상 정적인 도형이 아니다.

그것은 끊임없이 회전하고, 다시 연결되고, 때론 균형을 잃기도 하는 '살아 있는 형상'이다.

그리고 북한은, 그 중심에서 줄을 당기고 있다.

그 손에 쥔 줄이 무엇을 엮어 낼지는, 앞으로의 역사가 써 내려갈 일이다.

- 북한과 러시아, 한미일에 맞서 손을 잡다

2023년 가을, 세상의 시선이 한반도 북쪽 끝과 러시아 동쪽 끝을 향했다.

김정은과 푸틴, 두 지도자가 오랜만에 마주 앉았다. 그리고 세상은 다시금 긴장했다.

이 만남은 단순한 외교적 이벤트가 아니었다.

그것은 한미일 삼국 협력에 대한, 북러의 대답이었다.

우크라이나 전쟁이라는 거대한 배경 속에서, 이 두 나라의 손잡음은 그 어느 때보다 전략적이고 계산적이었다.

러시아에게 북한은 더 이상 단순한 이웃이 아니다.

우크라이나 전장에서 점점 길어지는 전선, 끊임없이 필요한 무기와 탄약, 서방의 제재로 고립된 외교 전선. 이런 상황에서 북한은 군수물자와 정치적 명분이라는 두 마리 토끼를 안겨 줄 파트너가 되었다.

반면, 북한에게 러시아는 더없이 귀한 '우군'이었다. 국제사회의 제재에 숨이 턱턱 막히는 상황에서, 러시아라는 뒷배는 그 자체로 체제의 숨통을 틔워주는 통로였던 것이다.

푸틴은 이번 회담에서 확실히 드러냈다.

"극동 개발."

러시아의 오랜 숙원이자 전략적 핵심 지역을 북한과 함께 해 보겠다는 의지를 꺼내든 것이다. '신두만강대교', 나진-하산 물류 프로젝트의 재개, 정기 항공 노선의 복구, 곡물과 농업 협력까지. 두 국가는 말 그대로 모든 영역에서의 공조를 꾀하고 있다.

더 이상 둘의 협력은 군사적인 문제만이 아니다.

교육, 문화, 물류, 항공, 농업, 심지어 국경 지대의 공동 개발까지. 북한은 이 기회를 단순한 생존이 아닌 '자립'의 전환점으로 삼으려 한다. 러시아와의 협력이 자신들의 군사력뿐 아니라 경제·문화적 자립 기반을 단단히 다질 수 있는 계기가 될 수 있다고 판단한 것이다.

그리고 2024년.

이들은 신조약이라는 이름으로 다시 손을 맞잡았다. 내용은 공개되지 않았지만, 분위기는 명확했다. 이제는 '말'이 아닌 '구조'를 만드는 단계에 들어섰다는 것이다. 이 조약은 단순히 양국 간의 우호를 넘어서, 향후 동북아 질서를 흔드는 하나의 결정적 전환점이 될 가능성이 높아 보인다.

특히 북한은 이 협력을 통해 다음과 같은 메시지를 외쳤다.

"우리는 고립되지 않았다."

"우리는 대체 불가능한 지정학적 존재다."

"그리고 우리는 '반제자주'와 '다극 세계 질서'라는 새로운 규범의 일원이 될 것이다."

한미일이 '가치 연대'를 내세우며 삼각 공조 체제를 굳히고 있다면, 북한과 러시아는 서로의 '필요'와 '현실'을 중심으로 동맹 아닌 동맹을 구축하고 있다. 그것은 이상보다는 생존이고, 명분보다는 실리다.

하지만 바로 그 점이 지금의 북러 협력을 더욱 강하게 만들고 있다.

물론 이들의 연대가 얼마나 오래 지속될지는 알 수 없다.

역사적으로도 북러 관계는 여러 번 요동쳤고, 국제 정세는 늘 예상 밖의 국면을 가져오기도 했다. 하지만 분명한 것은 이들의 협력이 한반도를 둘러싼 안보 지형에 심대한 영향을 미치고 있다는 점이다.

이제 우리는 묻게 된다.

이 급변하는 판도 속에서, 한국은 어떤 전략을 세워야 할까?

그리고 이 연대의 시대가 만들어 낼 다음 장면은 어떤 모습일까?

그 답은 아직 쓰여지지 않은 미래에 있다.

그러나 그 물음은 오늘 우리 모두가 곱씹어야 할 현실이다.

- 서로의 손을 잡고도, 눈치를 보는 이유: 북·중·러 협력의 민낯

요즘 국제사회에서 자주 들리는 조합이 있다.

북·중·러. 세 나라가 마치 하나의 단일 진영인 양 묶여 불리는 시대다. 하지만 그 셋은 진정으로 손을 맞잡은 걸까? 아니면 서로의 손을 잡은 척하면서 속으로는 다른 계산기를 두드리고 있는 걸까?

냉전의 기억이 여전히 살아 숨 쉬는 동북아에서, 이 세 나라는 오묘한 동맹 아닌 동맹을 구축하고 있다. 특히 최근 들어 북한과 러시아의 밀착은 눈에 띄게 강화되었다. 우크라이나 전쟁이라는 극단적인 현실 속에서, 러시아는 북한을 군수지원 파트너로 끌어들이고 있고, 북한은 국제적 고립 속에서도 '존재감'을 드러낼 수 있는 기회를 얻었다.

하지만 이 두 나라의 열렬한 포옹을 멀리서 지켜보는 나라가 있다. 바로 중국이다.

중국은 불편하다.

북·러가 지나치게 가까워지는 것은 자신에게도 부담이다. 특히 한미일 삼각동맹이 강화되는 현실 속에서, 북중러의 '블록화'는 오히려 자국의 외교적 유연성을 해칠 수 있다. 미국과의 갈등이 격화되는 이 시기, 중국은 북러의 과도한 연대를 조절하려 들고 있다. 왜냐고?

중국은 북·러와 한배를 타고 싶은 것이 아니라, 조용히 노를 저으며 중심을 잡고 싶은 나라이기 때문이다.

그렇다고 북한과 러시아의 협력이 헛된 꿈만은 아니다.

북한은 오래전부터 '지렛대 외교'를 구사해 왔다. 중국과 러시아 사이에서 절묘하게 균형을 잡으며, 때로는 이쪽의 도움을 받고, 때로는 저쪽과 밀착하며 자신만의 공간을 확보하는 데 익숙하다. 이번에도 북한은 러시아와의 관계 강화를 통해, 중국을 견제하면서도 협상력을 높이려 할 것이다.

러시아는 어떤가?

푸틴의 러시아는 전쟁 중이다. 군수품이 절실하다. 북한은 손쉬운 파트너다. 값싼 노동력, 탄약, 그리고 자원. 이 모든 것을 제공받을 수 있다면, 국제사회의 비난쯤은 감수할 수 있다는 판단이다. 결국 러시아는 북한과의 군사 협력을 본격화하며, 동북아 안보 지형을 뒤흔들고 있다.

그러나 이 삼각관계는 생각만큼 단단하지 않다.

서로가 서로를 필요로 하지만, 동시에 경계하고 있다. 북한은 러시아에 휘둘리고 싶지 않다. 중국은 북러가 너무 가까워지는 것을 경계한다. 러시아는 자신이 주도권을 쥐고 싶어 한다. 그렇게 이들의 협력은 언제나 불안정한 균형 위의 외줄타기다.

사실 이 모습은 탈냉전 이후 새로운 지정학의 전형일지도 모른다. 과거처럼 단일 진영으로 뭉치는 시대는 지났다. 대신, 이해관계에 따라 수시로 파트너를 바꾸고, 속내는 감춘 채 웃는 시대가 도래한 것이다.

결국, 북중러 협력의 진짜 모습은 '삼각 동맹'이 아니다.

'삼각 계산'이다.

각국은 손을 맞잡고 있으면서도, 언제든 그 손을 뺄 준비를 하고 있다. 그런 이유로, 이 협력이 동북아에 미치는 영향은 결코 단순하지 않다. 겉으로는 단단해 보이지만, 속으로는 균열이 자라고 있는 이 삼각형. 그 균열이 언제, 어떻게 터질지는 아무도 모른다.

우리가 기억해야 할 것은 단 하나. 이 불안한 협력 구조 속에서, 진짜 중요한 것은 동북아 전체의 안정과 평화라는 점이다. 그리고 그것은 협력의 강도보다, 협력의 방향이 더 중요하다는 것을 의미한다.

6

외교의 얼굴, 통제의 심장:
북한 외무성의 두 얼굴

　북한의 외무성은 단순한 외교 행정기관이 아니다. 그것은 북한 체제의 생존 전략과 직접 연결된, 외교와 경제, 정보와 통제를 종합적으로 수행하는 핵심 권력 기관이다. 대부분의 내각 기관이 조선로동당 중앙위 산하의 전문부서와 협의 후 김정은에게 보고하는 방식인 반면, 외무성은 국제부와의 협의 없이 외무상이 직접 김정은에게 보고할 수 있는 특권적 위상을 지닌다. 이는 북한 내에서도 외무성이 가진 독립성과 권한의 특별함을 보여 준다.

　김정일 시기에 외무성은 대미 협상에서 핵심 역할을 하며 존재감을 드러냈다. 6자회담 등 외교무대에서 제1부상 강석주는 김정일의 최측근으로 평가받았으며, 내각부총리를 거쳐 정치국 위원에 선출되기도 했다.

김정은 체제 초기에는 통일전선부가 외교를 주도하는 듯했지만, 이후 리수용, 리용호, 최선희 등 외무성 출신 인사들이 대거 발탁되며 외무성의 위상이 다시 강화되었다. 2019년 4월, 최고인민회의를 통해 외무상과 제1부상이 국무위원회에 포함되면서 외무성은 내각 총리가 아닌 국무위원장 직속 성급기관으로 격상되었다. 그러나 하노이 회담 실패 후 외무성과 관련 인사들이 강등되는 등 위상이 흔들리는 듯했으나, 최근 북러 관계의 밀착 속에서 최선희가 다시 정치국 위원으로 복귀하면서 외무성은 다시 전략적 중심부로 재등장하고 있다.

  북한 외무성 청사는 김일성광장에 접한 단독건물로, 독립적 회의장을 갖추고 있으며 다른 상급 기관들이 여러 부처가 함께 사용하는 방식과 대조된다. 이는 외무성의 상징성과 전략적 독립성을 상징하는 구조이다.

- 외화벌이의 전선: 해외 외교관의 실상

  북한 외교관의 가장 큰 목표는 해외 대사관 발령이다. 이 발령은 곧 달러 수입을 뜻하며, 단순히 명예나 경력의 차원이 아니라 생존과 부의 기회이기도 하다. 그러나 그 길은 험난하다. 외무성 말단부터 10년 이상 경력을 쌓아야 하며, 기혼자에 당원이어야 하고, 해외 근무 시 가족 일부는 반드시 북한에 남겨 둬야 한다. 이는 외교관의 탈북을 방지하기 위한 체제의 감시 장치다.

외교관들은 외교관의 불체포 특권과 면세 혜택을 활용하여 외화를 벌어들이며, 정통 외교관과 비정통 외교관으로 나뉜다. 정통 외교관은 명목상 외교 업무를 수행하며 상대적으로 적은 상납 요구를 받지만, 비정통 외교관은 국가보위성이나 39호실 등에서 파견되어 철저히 외화벌이에 초점을 맞춘다. 이들은 종종 외교 신분을 가장하여 밀수나 불법 거래에 관여하게 된다.

세계 각국 대사관에서 벌어지는 밀수 활동은 지역별로 특화되어 있다. 유럽에서는 면세 담배와 술을 되팔아 차익을 남기고, 중동에선 금기 품목인 주류 판매를 통해 이익을 추구한다. 동남아에서는 외제차 면세 수입, 아프리카에서는 코뿔소 뿔과 상아 밀수, 쿠바에선 시가 밀매로 수십만 달러의 수익을 챙긴다. 이러한 구조는 체계적이며, 북한 외교 네트워크의 또 다른 단면이다.

하노이 회담은 김정은 정권 외교의 상징적 순간이었다. 정상외교 중심의 탑다운 방식은 상징성과 속도는 확보했지만, 실무 협상 부족이라는 구조적 한계를 드러냈다. 북미 간의 입장 차, 특히 제재 해제와 핵시설 폐기의 등가성 논란, 영변 이외의 농축시설 존재 가능성은 회담의 결렬로 이어졌다.

미국은 포괄적 일괄 타결을 원했으나, 북한은 단계적 동시행동을 주장했다. 트럼프는 국내 정치적 부담, 김정은은 내부 보수 강경파의 시선을 고려해야 했던 상황에서 결국 협상은 "노딜"로 끝났다. 이 회담은 북한 외교가 단순한 외교의 영역이 아닌, 정권 생존 전략이라는 점을 분명히 각인시킨 사건이었다. 하노이 회담 이후 미국의 입장은 더욱 강경해졌고, 북한 역시 자력갱생을 내세우며 고립 속의 협상 전략을 유지했다.

  북미 간 신뢰 부족과 비핵화 개념에 대한 상이한 정의는 향후 협상 전망을 어둡게 만들고 있다. 북한 외무성은 체제 생존을 위한 외교적 방패이자 경제적 창구이다. 그 권한은 내각을 넘어 당 중앙과 국무위원장 직속으로 연결되며, 국제무대에서의 활동은 정권의 전략과 긴밀하게 연결되어 있다. 외교관들은 체제의 이익을 위해 개인적 위험을 감수하며 외화를 조달하고 있으며, 하노이 회담의 결렬은 북한 외교 전략의 구조적 한계를 여실히 보여 주는 사례였다.

제5장 트럼프 2.0 시대의
변수와 한반도

1

트럼프 2기 시대, 다시 맞이한 한반도의 기로

북한은 그동안 여섯 차례의 핵실험과 대륙간탄도미사일(ICBM) 발사를 통해 전 세계의 시선을 집중시켜 왔다. 실험이 있을 때마다 뉴욕과 워싱턴, 도쿄와 서울은 동시에 긴장했고, 지도자들은 카메라 앞에서 분노와 우려를 반복했다. "북한이 미국 본토를 타격할 수 있는 능력을 가졌을지도 모른다"는 가능성은 더 이상 영화 속 이야기만은 아니었다.

2017년, 트럼프 대통령의 목소리는 유난히 거칠었다. 그는 북한을 향해 "화염과 분노"를 언급했고, 김정은 위원장을 "리틀 로켓맨"이라 조롱하기도 했다. 한반도에는 전쟁이 다시 떠오르는 단어가 되었다.

하지만 이 강경한 태도는 단순한 위협에 그치지 않았다. 트럼프는 "모든 옵션이 테이블 위에 있다"고 말하며 군사적 대응 가능성도 공공연히 언급했다. 핵시설 정밀타격이라는 말은 외교적인 상징이 아닌, 실제 시나리오로 검토되었다.

그러던 중 2018년 1월, 북한 김정은의 신년사는 놀라운 반전을 안겼다. 평창 동계올림픽 참가 의사를 밝히며 남북은 고위급 회담을 시작했고, 꽁꽁 얼어붙었던 남북 관계는 급속히 녹아내리기 시작했다. 그리고 역사상 최초로 북미 정상회담이 성사되었다. 싱가포르에서 마주 앉은 김정은과 트럼프. 전 세계가 숨을 죽이며 지켜보던 그 순간, 누군가는 새로운 시대의 문이 열렸다고 믿었다. 하지만 희망은 오래가지 않았다. 2019년 하노이에서 열린 2차 북미 정상회담은 빈손으로 끝났다.

김정은은 영변 핵시설을 내줄 테니 제재를 완화해 달라고 했고, 트럼프는 "그 정도로는 부족하다"고 답했다. 회담은 아무런 합의 없이 끝났고, 이후 북한은 다시 문을 닫았다. 외교 대신 무력 강화로 방향을 틀었다. 미사일 발사는 재개되었고, 북미 간 채널은 사실상 끊겼다.

그로부터 몇 해가 흘렀다. 그리고 이제, 트럼프가 다시 돌아올 가능성이 현실이 되었다. 사람들은 묻는다. "그가 다시 대통령이 된다면 북한은 어떻게 나올까?" 트럼프는 여전히 협상의 달인이라 자부하고 있을 것이다. 그는 김정은과 "좋은 관계"를 유지했다고 말하며, 이전의 만남을 정치적 자산으로 활용할 가능성이 높다. 하지만 북한은 과연 똑같은 방식에 응할까?

그 사이 북한은 훨씬 더 고립되었고, 훨씬 더 완고해졌다. 코로나 19 팬데믹으로 국경은 닫혔고, 외교적 접촉은 거의 사라졌다. 핵무력 완성을 공식 노선으로 선언하며, 스스로를 '핵보유국'으로 규정했다. 트럼프 1기의 '최대 압박'이 대화를 이끌어 냈던 것은 사실이지만, 그 대화는 결실을 맺지 못했고, 오히려 북한에게는 미국이 신뢰할 수 없는 상대라는 인식을 심어 주었다.

트럼프 2기, 만약 현실이 된다면 그는 또다시 강경한 압박으로 출발할까, 아니면 "거래의 기술"을 들고 다시 한번 정상 간 담판을 시도할까?

북한 문제는 간단하지 않다. 핵을 가진 채 협상 테이블에 앉으려는 북한과, 핵을 내려놓으라는 미국. 그 사이에서 남한은 다시 복잡한 줄타기를 시작해야 한다. 다만 한 가지 분명한 것은, 과거와 똑같은 방식으로는 더 이상 움직이지 않는 상대가 바로 지금의 북한이라는 점이다.

대화는 한 번의 악수로 끝나지 않는다. 진정한 변화는 반복되는 실패 위에 쌓이는 인내에서 시작된다. 그 점에서, 우리가 맞이할지도 모르는 트럼프 2기의 한반도 외교는 과거보다 더 치열하고, 더 조심스럽고, 동시에 더 냉정해야 할지도 모른다.

2

트럼프의 세계관,
그리고 그가 흔든 동북아 질서

    도널드 트럼프는 백악관에 입성하던 날부터 전통이라는 말을 싫어했다.

    그가 대통령이 되던 2016년, 미국 사회는 이미 흔들리고 있었다. 중산층은 점점 줄어들고 있었고, 값싼 외국 제품에 밀려 미국 노동자들은 일자리를 잃었다. 그러는 동안 워싱턴 정치 엘리트들은 "자유무역"이니 "글로벌 협력"이니 하며 세계를 걱정했지만, 정작 미국인들의 삶은 나아지지 않았다. 트럼프는 이 지점을 정확히 파고들었다.

    "미국은 더 이상 세계의 호구가 아니다."

    그의 말은 거칠었고, 때론 경박해 보이기도 했다. 하지만 많은 미국인들은 그 말에 속이 시원했다. 그는 기존의 정치인들과 달랐다.

아니, 다르다고 믿게 만들었다.

트럼프 외교정책의 핵심은 단순했다. "미국에 이득이 되느냐, 아니냐."

그가 중시한 건 민주주의나 인권, 규범 같은 추상적인 가치가 아니었다. 그보다 당장의 이익, 눈에 보이는 성과, 숫자로 환산되는 결과가 중요했다. 외교도 결국 비즈니스라는 것이 그의 철학이었다.

그래서 그는 '거래의 대통령'이었다.

그에게 동맹국은 '함께하는 친구'가 아니라 '계산서를 나눠 내야 할 파트너'였고, 다자주의는 '느리고 비효율적인 회의 문화'에 불과했다. 한국, 일본, 나토, 유엔. 오랜 시간 미국이 쌓아 온 국제 질서의 구조물들을 그는 하나씩 흔들었다. "왜 우리가 그들의 방위비를 대신 내야 하느냐?" "왜 항상 미국이 먼저 희생해야 하느냐?" 그는 당당히 물었고, 사람들은 흔들렸다.

외교관들도 혼란스러워했다. 백악관의 전화번호는 그대로였지만, 전화를 받는 사람의 논리가 달라졌기 때문이다. 그 혼란은 곧 동북아로도 번졌다. 한국과 일본은 그동안 미국의 확고한 방위 의지와 리더십을 전제로 안보 전략을 짜 왔다. 하지만 트럼프는 방위비 협상을 거래처럼 다뤘고, "돈을 더 내지 않으면 주한미군을 철수하겠다"는 말은 외교적 발언이 아닌 실제 압박으로 작동했다. 북한을 향해서는 '리틀 로켓맨'이라 조롱하다가 어느 날은 "사랑에 빠졌다"는 고백을 던졌다. 외교는 갑작스럽고, 예측 불가능했고, 무엇보다 기존의 외교문법을 무시했다.

그렇다고 해서 모든 것이 잘못되었다는 뜻은 아니다. 트럼프는 그 누구도 하지 못했던 일을 해냈다. 북한 김정은과 직접 악수하며 정상회담을 세 차례나 개최했고, 중국을 향해 무역전쟁을 선포하면서도 전략적 압박을 가했다. 하지만 그 과정은 항상 '즉흥적이고 충동적'이었다. 전문가들은 그가 세계의 복잡한 질서를 이해하지 못한다고 비판했고, 때로는 고의로 무시한다고도 했다.

트럼프는 '워싱턴 엘리트'를 싸잡아 '적폐 집단'이라 부르며, 기득권을 모두 뒤엎겠다고 선언했다. 그 반(反)엘리트 정서는 미국 사회의 포퓰리즘(populism) 열풍과 결합하며 대중의 열광적인 지지를 얻었다. 그가 조롱하고 배척했던 것들은 단지 체제 그 자체가 아니라, 미국의 수십 년짜리 외교적 신념들이었다.

그의 등장은 단지 대통령 한 명의 변화가 아니었다. 그것은 미국이 세상과 맺어 온 관계의 근본을 다시 쓰겠다는 선언이었다.

그 선언은 동맹을 불안하게 만들었고, 적들에게는 혼란을 주었으며, 동북아 질서 전체를 뒤흔드는 요인이 되었다.

트럼프는 떠났지만, 그의 그림자는 여전히 짙게 드리워져 있다.

그리고 우리는 여전히 그가 만들어 놓은 질문에 답을 찾고 있다.

"세계 최강국 미국의 우선순위는 이제 무엇인가?"

3

협상의 미학, 혹은 혼돈의 기술: 트럼프의 대북 도박

　한반도에는 언제나 냉기와 열기가 공존한다. 어느 날은 전쟁이 터질 것처럼 군사적 긴장이 치솟고, 어느 날은 세기의 악수가 오가며 평화의 기대가 부풀어 오른다. 트럼프 대통령이 백악관에 들어선 이후, 이 온도 차는 더욱 극단적으로 요동쳤다. 전임 오바마 대통령의 대북 전략은 조용했다. '전략적 인내'라는 이름 아래, 북한의 도발에도 대화에도 적극적으로 움직이지 않았다. 그리하여 진전도, 후퇴도 없는 일종의 정체 상태가 이어졌다. 그러나 트럼프는 그 틀을 산산이 깨뜨렸다.

　한순간엔 "화염과 분노"를 외치며 전쟁 위기를 고조시켰고, 또 한순간엔 북한 김정은과 마주 앉아 "우린 사랑에 빠졌다"고 했다. 어느 외교 전문가도 예측할 수 없는 전개였다.

이 모든 혼돈에는 하나의 중심이 있었다. 트럼프라는 인물, 그리고 그만의 '미치광이 전술(Madman Theory)'이었다.

1970년대 닉슨이 한때 사용했던 이 전략은, 지도자가 충동적이고 예측 불가능하다는 인상을 의도적으로 심어 적을 위축시키는 방식이다. 트럼프는 여기에 충동성과 자기도취라는 자신의 고유한 성향을 더해, 이전 어떤 미국 대통령도 하지 않았던 방식으로 북한을 압박했다.

2017년, 그는 전례 없는 '최대 압박' 정책을 펼쳤다. 국제사회를 향해 북한과의 모든 거래를 중단하라고 요구했고, 유엔 제재 결의안에 중국을 끌어들였다. 그 과정에서 미국의 국가안보좌관 맥매스터는 심지어 "서울 시민의 희생이 있더라도 북한을 선제타격할 수 있다"고 언론 인터뷰에서 말했다. 이런 발언이 한국에는 거의 알려지지 않았지만, 그 충격의 여진은 분명 존재했다. 그 누구도, 미국 고위 관리가 동맹국 민간인의 희생을 감수하겠다고 말할 것이라 예상하지 못했다.

그러나 바로 그 긴장과 공포가 북한을 움직였다. 중국은 상황이 통제 불능으로 치닫는 것을 우려해 제재 수위를 높였고, 북한도 협상 테이블을 외면할 수 없게 됐다. 그렇게 2018년, 세기의 첫 북미 정상회담이 현실이 되었다.

이 장면은 세계 외교사의 전환점이었다. 하지만 그 시작은 트럼프식의 비정통 외교, 즉 '상식 밖의 시도'가 만들어 낸 결과였다.

이전 미국 대통령들은 북한과의 정상회담을 '체제 인정' 혹은 '무리한 보상'으로 여겼다. 핵 문제가 실질적으로 해결되지 않는 이상, 김정은과 마주 앉는 일 자체를 꺼렸다. 하지만 트럼프는 달랐다. 그는 오히려 스스로를 협상의 달인이라 믿었고, 자신이 직접 만나면 문제를 해결할 수 있다고 확신했다.

그 믿음은 때로 실용주의로 나타났다.

트럼프는 한미연합 군사훈련의 전략적 의미보다는, 그에 소요되는 '돈'에 더 민감했다. 결국 북한이 요구한 훈련 중단은, 군사적 고려보다는 재정 절감이라는 이유로 받아들여졌고, 그 결정은 또 다른 협상의 카드가 되었다.

이 모든 흐름을 촉진한 데는 한국 정부의 전략도 있었다.

문재인 정부는 트럼프야말로 과거 미국 대통령들이 외면해 온 '북미 정상회담'에 나설 유일한 인물이라 판단했다. 그래서 그는 '한반도의 운전자'를 자처하며 북미 사이를 오가며 분위기를 조율했다.

동시에 북한 역시 계산기를 두드리고 있었다. 트럼프가 외교에 어둡고 복잡한 사안에는 관심이 없다는 점을 간파하고, 최소한의 양보로 최대의 보상을 얻어내려는 전략을 세운 것이다. 그 결과, 우리는 한반도 역사상 처음으로 세 차례의 북미 정상회담을 목격했다.

사진과 악수, 담대한 말들은 넘쳐났지만, 비핵화나 평화체제 같은 본질적 문제는 여전히 안갯속에 남았다.

그럼에도 불구하고, 이 모든 과정은 트럼프라는 인물이 아니었다면 도저히 가능하지 않았던 일들이었다. 그것이 협상의 미학이었는지, 혹은 혼돈의 기술이었는지는 아직도 논쟁 중이다. 한 가지 분명한 것은, 트럼프가 흔든 외교의 규칙들은 세계에 질문을 던졌다.

"외교는 반드시 예측 가능해야 하는가?"

"비정통적 방식이 때로는 더 효과적인가?"

그리고 무엇보다도 "그가 돌아온다면, 우리는 다시 무엇을 기대해야 하는가?"

4

세기의 악수,
그리고 멈춰 버린 시계(평가와 영향)

2018년 6월, 싱가포르 센토사 섬.

도널드 트럼프와 김정은, 두 지도자가 마주 선 순간은 전 세계를 놀라게 했다. 핵 위협으로 팽팽하게 긴장하던 북미 관계가, 단 한 번의 악수로 극적인 전환점을 맞이한 듯 보였다. 사람들은 '세기의 회담'이라 불렀고, 언론은 역사적인 장면을 경쟁하듯 보도했다.

그날 채택된 싱가포르 공동성명은 분명 인상적인 문장이었다. "한반도의 완전한 비핵화", "새로운 북미 관계 수립", "항구적 평화체제 구축". 그 어떤 선언보다 파격적이었고, 화려했다. 하지만 그 안을 열어 보면, 구체적인 로드맵은 없었다. 실천 가능한 행동계획이나 이행 조건, 검증 절차 같은 실무적 내용은 빠져 있었다.

이것이 바로 트럼프식 외교의 명과 암이었다.

정상 간 담판, 즉 '하향식(top-down) 접근'은 트럼프가 누구보다 자신 있던 방식이었다. 그는 "관료주의는 느리다"며, "정상끼리 결정하면 일이 훨씬 빨리 진행된다"고 믿었다. 하지만 북한은 달랐다. 한꺼번에 '빅딜'을 맺으려는 트럼프와는 달리, 북한은 단계적 비핵화와 점진적 보상이라는 시간이 걸리는 길을 선호했다.

결국 2019년 하노이 회담에서 그 차이가 그대로 드러났다.

김정은은 영변 핵시설을 폐기할 테니 제재를 일부 풀어 달라고 했고, 트럼프는 그 정도로는 부족하다며 회담장을 박차고 나갔다. 아무런 합의도 없이 끝난 정상회담. 이후 북미 대화는 차갑게 식었고, 다시 긴 침묵이 시작되었다. 이후의 흐름은 더 냉담했다. 세 차례나 만난 정상들이었지만, 북핵 문제는 아무런 돌파구를 찾지 못했다. 기대는 실망으로, 낙관은 회의로 바뀌었다. 미국 내부에서도 '북한과 대화해 봤자 소용없다'는 인식이 퍼지기 시작했다. 백악관과 국무부, 의회와 싱크탱크, 어디에서든 북한과의 협상은 '희망 고문'이자 '정치적 쇼'로 받아들여지기 시작했다. 아이러니하게도, 트럼프가 누구보다 과감하게 문을 열었지만, 그 끝은 오히려 문을 더 무겁게 닫아 버리는 결과가 된 셈이다. 북미 간 직접 대화의 가능성은 오히려 좁아졌고, 향후 미국 행정부가 북한과 다시 마주 앉는 일은 한층 더 신중해질 것이다.

지금도 북핵 문제는 여전히 해결되지 않았다. 무대는 그대로인

데, 배우들은 피로해졌고, 관객은 떠났다.

남은 것은 무엇일까?

세기의 악수는 순간의 감동이었지만, 외교는 결국 실행과 지속의 기술이다. 선언보다 중요한 건, 그 약속을 어떻게 지켜 낼 수 있느냐는 것이다. 트럼프의 대북정책은 이 거대한 질문을 남긴 채, 미완의 시계처럼 멈춰 서 있다.

# 5

협상가 트럼프,
북한이라는 거래의 테이블에 앉다

도널드 트럼프를 이해하지 않고는 그의 외교를 설명할 수 없다. 그는 정치인이 아니라 협상가였다.

백악관에 입성하기 전, 그는 부동산으로 돈을 벌었고, 카메라 앞에서는 쇼맨십을 발휘했다. 미국 대통령 중 유일하게 정치 경험 없이 당선된 인물. 이 낯선 이력은 곧 외교의 풍경도 바꿔 놓았다.

트럼프는 외교를 협상으로 여겼다. 한반도 문제도 예외는 아니었다. 그에게 중요한 것은 '관계의 지속'이 아니라 '거래의 성과'였다. 복잡한 역사, 뿌리 깊은 갈등, 단계적 해법… 이런 것보다는 단판 승부, 눈에 보이는 이익, 그리고 스포트라이트 아래의 악수가 훨씬 더 매력적인 방식이었다. 북한과의 정상회담이 가능했던 것도, 기존 대통령들과는 달리 '직접 만나서, 직접 해결하겠다'는 그의 CEO 스타일 때문이었다.

 그는 자신을 최고의 협상가라 믿었고, 김정은과도 그런 식으로 접근했다. 실무 협상은 관심 밖이었고, 각료들조차 그의 결정 앞에서는 보조자에 불과했다. 그는 국가를 운영하듯 아니라 기업을 지배하듯 정치를 했다. 부처는 부서였고, 장관은 직원이었다.

 하지만 이 단순명료한 거래주의는 복잡한 외교 현실에 쉽게 맞아떨어지지 않았다. 북미 정상회담은 세 번이나 있었지만, 핵 문제는 제자리걸음을 했다. 그리고 이제, 그가 다시 돌아올 가능성이 커지고 있다.

 2기의 트럼프는 어떤 계산을 하고 있을까?
 그는 북한을 단순히 핵 보유국으로 간주하고, 핵무기를 없애기보다는 '관리 가능한 위험'으로 다루려 할지도 모른다. 대신 북한이 원하는 경제적 보상을 일부 허용하고, 제재 완화를 통해 숨통을 트게 해 줄 가능성도 있다. 단, 거기에는 전략적 계산이 깔려 있다. 북한을 중국으로부터 떼어내기 위한 지정학적 포석이다.

 북한은 중국에 과도하게 기대고 있다. 하지만 트럼프는 이 구조를 흔들고 싶어 한다. 중국이 가장 싫어할 방식으로 경제적 자율성과 미국의 직접 투자라는 유혹을 던지는 것이다. 트럼프에게 북한은 '미개척 시장'이고, 동시에 '중국 견제 카드'다.

만약 핵 문제가 일정 수준에서 통제 가능하다고 판단되면, 그는 과감히 유엔 제재의 일부를 해제하고 북한과 경제 거래를 시도할 수 있다. 영사대표부 설치, 자원 공동개발, 특구 내 직접 투자 등의 방식으로 실리를 챙길 것이다.

이 구상은 북한에도 나쁠 게 없다. 김정은 정권은 경제 개발에 목말라 있고, 5개년 계획 실현을 위해 외자 유치에 사활을 걸고 있다. 이미 전국에 29개 경제 개발구역을 설정해 놓고 투자자를 기다리고 있다. 트럼프는 바로 그 틈을 파고들 수 있는 인물이다.

물론 전제가 있다. 거래가 안 될 경우엔, 언제든 '다른 방식'도 선택할 수 있다는 위협을 유지하는 것이다. 트럼프는 언제나 무력 옵션을 책상 한 켠에 올려놓는 협상가였다. 나토 분담금, 주한미군 방위비 증액, 그 모든 사례가 이를 증명한다. 협상이 마음대로 되지 않을 경우, 힘을 앞세운 방식으로 판을 다시 짜는 것이 그의 두 번째 수단이다.

다시 말해, 트럼프의 대북 전략은 외교가 아니라 거래다.

그리고 그 거래에는 늘 조건이 있다. 이익이 명확할 것, 주도권은 자신에게 있을 것, 그리고 무엇보다 중국을 견제할 수 있을 것.

이제 우리는 질문해야 한다.

그가 또다시 악수를 청해올 때, 우리는 그것을 기회로 볼 것인가, 아니면 또 하나의 불확실한 도박으로 볼 것인가.

6

대화의 문은 아직 열려 있는가?

북한은 지금까지 여섯 차례에 걸친 핵실험과 수차례의 대륙간탄도미사일 발사로 국제사회의 제재를 자초했다. 특히 미국 주도의 유엔안전보장이사회 제재는 군사 안보를 넘어 북한의 경제 전반을 조이는 데 초점을 맞춰 왔다. 한때 활기를 띠던 시장도, 북중 접경의 무역도, 외화 유입의 주요 루트도 모두 서서히 막혀 버렸다. 그리고 그 그림자는 이제 주민들의 생계마저 뒤흔들고 있다. 생필품 가격은 치솟고, 외화 부족은 만성화됐다. 무역은 단절되고, 국제금융에서의 고립은 북한 경제를 한층 더 궁지로 몰아넣고 있다. 문제는 이 상황이 단기간에 풀릴 수 있는 구조가 아니라는 데 있다.

북한은 여전히 미국의 적성국 교역법과 테러지원국 지정이라는 굴레에 묶여 있다. 이 두 가지가 해제되지 않는 한, 미국과의 정상적인 무역은 물론, 제3국 기업의 북한 진출조차도 자유롭지 않다. 더 나아가 국제금융기구를 통한 자금 지원 역시 사실상 차단되어 있다.

만약 이 장벽들이 하나씩 걷힌다면, 북한은 전혀 다른 경제적 지형에 놓이게 된다. 예컨대 적성국 교역법이 종료된다면 미국 내 북한 자산 동결이 해제되고, 미국 기업과의 무역도 가능해진다. 테러지원국 지위에서 해제되면 전략물자 수출입뿐 아니라 해외 기업, 특히 한국 기업의 대북 투자와 설비 이전 역시 보다 유연하게 진행될 수 있다. 결국 이 모든 변화는 북한 경제의 회복과 재도약을 위한 숨통을 트는 일이 될 것이다.

하지만 지금 북한이 직면한 현실은 정반대다. 미국과의 협상 결렬 이후 제재는 지속되고, 국제사회와의 교류는 점점 더 좁아지고 있다. 그 결과는 주민의 삶에 고스란히 드리워졌다. 시장의 공급선은 불안정하고, 생필품 가격은 천정부지다. 외화가 돌지 않자 개인의 삶도, 국가의 재정도, 미래의 계획도 모두 답보 상태에 머물고 있다.

이 와중에 트럼프가 다시 돌아왔다.

지난해 10월, 그는 방송 인터뷰에서 김정은과의 외교 재개 의사를 분명히 밝혔다. "나는 그와 잘 지냈고, 그 문제를 해결했다"고 말하면서, 다시 한 번 연락을 시도하겠다는 뜻도 내비쳤다. 그의 말이 외교적 수사인지, 실질적 복귀의 신호인지는 더 지켜봐야겠지만,

분명한 건 대화의 문이 완전히 닫히지는 않았다는 점이다.

지금 북한이 해야 할 선택은 분명하다. 강경 일변도의 외교 전략을 고집하기보다는, 미국과의 대화 가능성에 촉을 세워야 한다. 특히 2기 트럼프 행정부의 출범 초기, 북미 간 정상 외교의 불씨를 되살릴 수 있는 결정적 타이밍을 놓쳐선 안 된다.

제재 해제를 위한 실마리를 찾고, 경제 회복의 토대를 다지기 위한 실용적 접근이 절실하다.

만약 북미 간 협상이 다시 테이블에 오른다면, 그것은 단지 정치적 제스처를 넘어서 남북 간의 경제 교류 재개, 더 나아가 동북아 전체의 지정학적 균형 재편에까지 영향을 미칠 수 있다.

북한 입장에서도, 고립의 악순환에서 벗어나기 위해서는 경제적 돌파구가 필요하고, 그것은 외교의 전환 없이 불가능하다.

지금은 냉각기다. 하지만 협상의 봄은 의외의 계기로 찾아오곤 한다.

문제는 그 계기를 포착할 준비가 되어 있는가, 그리고 그 기회를 실용과 유연함으로 맞이할 수 있는가 하는 것이다.

7

하노이의 기억, 그날 이후의 북한 사람들

    2019년 초, 북한은 조용한 흥분에 휩싸여 있었다.
    TV와 신문, 거리의 선전판은 모두 한 목소리를 내고 있었다. "위대한 외교 승리의 길목에 섰다", "장군님의 전략은 세계를 움직인다." 사람들은 믿고 싶었다. 아니, 믿어야 했다. 미국과의 담판에서 모든 것이 달라질 수 있다고. 제재가 풀리고, 생활이 나아지고, 다시 한 번 '강국'의 길로 갈 수 있다. 싱가포르에서 처음 손을 맞잡았던 그 장면은 북한 주민들에게도 강렬한 인상을 남겼다. 그들은 자부심을 느꼈고, 세계가 자신들의 최고지도자 앞에 무릎 꿇고 감탄하는 것처럼 보였다. 학교에서는 특별강연이 이어졌고, 공장과 농촌에서도 "우리 장군님만 계시면 못할 것이 없다"는 구호가 메아리쳤다.

그러나 하노이는 달랐다.

기대와 흥분으로 지켜보던 회담은, 아무런 결과 없이 조용히 끝나버렸다. 누군가는 "협상이 결렬됐다"고 말했고, 또 누군가는 "미국이 또 속였다"고 했다. 이유야 어찌 되었든, 주민들의 마음은 무너졌다. 그날 이후, 사람들은 다시 굳게 닫힌 국경과 늘어나는 물가를 바라보며 현실로 되돌아와야 했다. 북한 당국은 곧장 미국의 '적대정책'을 비난하며 실패의 책임을 외부로 돌렸다. 하지만 주민들은 예전 같지 않았다. 고난의 행군, 장마당의 세월, 자력으로 살아남아야 했던 지난 시간들은 그들로 하여금 국가보다 자신을 믿는 법을 가르쳤다.

"결국 살아남는 건 나 자신이다."

하노이 회담의 실패는 단지 외교의 좌절이 아니었다. 그것은 수많은 북한 사람들이 갖고 있던 마지막 희망의 꺼짐이었고, 동시에 체제에 대한 신뢰가 조용히 사라지는 순간이었다. 그럼에도 불구하고, 우리는 이 회담에서 단 하나의 의미를 붙잡을 수 있다.

대화는 가능하다는 증거.

싱가포르에서 처음 마주한 두 지도자보다 하노이에서는 조금 더 자연스럽게 이야기가 오갔고, 회담의 분위기도 덜 경직되어 있었다. 양국의 발표문도 놀라울 만큼 온건했고, 감정적 언사는 거의 사라졌다. 그만큼의 신뢰가 쌓였다는 뜻이다. 결국, 결렬은 어쩌면 과도한 기대의 반작용이었는지도 모른다.

북핵 문제는 단순한 협상으로 끝날 수 있는 일이 아니다.

리비아와는 다르고, 이란과도 다르다. 북한은 체제와 생존, 역사와 민족 감정이 엉켜 있는 복잡한 문제를 안고 있다. 그 속에는 전쟁에 대한 공포와 제재의 고통, 그리고 무엇보다도 신뢰의 결핍이 있다.

오늘날 세계가 걱정하는 것은 북한의 무기만이 아니다. 더 큰 걱정은 그 사회 전체에 퍼져 있는 불신의 트라우마다. 지도자를 향한 신뢰는 무너졌고, 외부 세계를 향한 기대는 식었다.

그 상처는 생각보다 깊고 오래갈 수 있다.

그렇다면 누가 이 트라우마를 치유할 수 있을까?

역사는 말해 준다.

그 해답은 오직 같은 민족, 대한민국뿐이다.

적대적 두 국가론이 강요되더라도, 혈연과 언어, 감정과 문화로 이어진 이 땅의 사람들만이 서로를 진정으로 이해할 수 있다.

2018년 9월, 평양 5.1 경기장에서 전한 문재인 대통령의 연설은 이 점을 절절히 담고 있었다.

"우리는 5천 년을 함께 살고, 70년을 따로 살았습니다. 다시 함께 살아야 합니다."

오늘날의 세계는 핵무기를 쉽게 사용할 수 있는 곳이 아니다. 그

파괴력보다 더 두려운 것은, 그 무기를 만든 이들이 왜 그것을 만들어야만 했는지에 대한 절박한 역사다. 서울 불바다, 핵무기 보유, 외부의 고립. 이 모든 것은 한 민족이 분단 속에서 겪어 온 현실의 그림자다.

그리고 이제 우리는 이 트라우마를 다음 세대에까지 물려줄지, 아니면 여기서 끊을지를 결정해야 할 시점에 서 있다.

끊을 수 있는 길은 오직 하나다. 서로를 향한 공감, 그리고 끊임없는 소통. 언젠가 다시 만나는 그날, 우리는 단지 같은 말을 쓰는 사람들로서가 아니라, 같은 상처를 공유한 이들로서 진심의 악수를 나눌 수 있기를 바란다.

8

무너진 신뢰, 닫힌 약속:
하노이 이후의 북한 사람들

하노이.

그 이름은 한때 북한 주민들에게도 낯설지 않은 희망이었다.

국영 매체들은 "위대한 외교의 새 장이 열린다"고 외쳤고, 거리에서는 미국과의 담판이 끝나면 곧 제재가 풀리고 생활이 나아질 것이라는 기대가 번져갔다. 사람들은 말은 아끼면서도 속으로는 바랐다. "이번에는 정말 무언가 달라지지 않을까."

하지만 회담은 기대와는 달리 아무런 성과 없이 끝나 버렸다. 아무 합의도 없이 두 정상이 서로 등을 돌리고 물러나는 장면은, 주민들에게도 큰 허탈감으로 다가왔다. 그 이후 달라진 것은 많지 않았다. 제재는 여전히 이어졌고, 생필품은 여전히 귀했으며, 사람들의 삶은 여전히 각자의 생존 전략에 의지한 채 굴러갔다.

그날 이후, 북한 주민들 사이에서 외교에 대한 신뢰는 급격히 낮아졌다.

오랜 시간, 북한 정권은 대외 협상이 곧 경제 회복의 열쇠가 될 것이라고 설득해 왔지만, 하노이의 결렬은 그 약속이 신기루였음을 증명하는 장면처럼 비쳤다. 정부는 여전히 '자력갱생'을 외쳤지만, 식량 사정은 더 나빠졌고, 장마당 가격은 출렁였다. 반복되는 선전은 더 이상 감동이 아닌 피로감이 되었다.

무엇보다도 흥미로운 변화는 젊은 세대에서 감지되었다.

그들은 김정은의 연설보다 USB 속 외부 콘텐츠에 더 많은 관심을 두고 있었다. 단속이 두려운 것이 아니라, 통제 밖의 세계를 향한 본능적인 호기심과 갈망이 더 컸기 때문이다. "밖은 어떤가요?", "남쪽은 정말 그렇게 사나요?" 이런 질문은 더 이상 금기이거나 속삭임만은 아니다.

정보가 넘실거리기 시작했고, 통제의 벽은 아주 서서히, 그러나 분명히 얇아지고 있다.

이러한 변화는 북한 정부에게 이중의 도전이 된다.

하나는 내부의 기대를 충족시키지 못하고 있다는 불만이고, 다른 하나는 외부에 눈을 돌리기 시작한 사람들의 존재다. 외교정책이 실패로 귀결될수록, 그리고 경제 회복의 실질적 조짐이 보이지 않을수록, 사람들은 점점 더 정권의 메시지가 아닌 자신의 경험에 귀를 기울이게 된다.

지금 북한에서 외교는 더 이상 추상적인 국가 전략이 아니다.

그것은 장마당의 쌀값, 약값, 달러 환율과 직결되는 삶의 문제다.

누군가는 묻는다. "언제까지 이대로 살아야 하나?", "왜 우리만 이렇게 살아야 하나?"

북한 당국이 이 흐름을 직시하지 못한다면, 선전은 공허해지고 통제는 더욱 버거워질 것이다.

외교의 실패는 단지 체면의 문제가 아니다. 그것은 사람들의 믿음이 무너지는 과정이며, 무너진 신뢰는 다시 쌓기 어렵다. 이제 필요한 것은 거창한 구호가 아니라, 작지만 체감할 수 있는 변화다.

식탁 위에 놓인 쌀 한 그릇, 약국에 들어온 진통제 한 알, 그리고 더 이상 굶지 않아도 된다는 안도감. 그것이 외교의 결실이 되어야 한다.

북한은 지금, 선택의 기로에 서 있다.

과거의 방식으로 더 강한 내부 결속을 꾀할 것인가, 아니면 외부와의 협력을 통해 새로운 숨통을 열 것인가. 정답은 누구나 알고 있다. 문제는 용기다.

다시 대화를 시작할 수 있는 용기. 그리고 사람들을 실망시키지 않을 결단. 그것만이 진짜 '강국'으로 가는 길일 것이다.

9

트럼프 2기와 다시 움직이는 한반도

트럼프는 전통적인 외교 문법을 신뢰하지 않는 인물이다.

그에게 외교란 전문가들의 조율과 절차가 아니라, 한 사람과 또 한 사람 간의 거래였다. 그는 대통령이기 전에 협상가였고, 국제정치는 그에게 또 하나의 거래 무대였다.

트럼프의 대북정책도 그랬다. 과거 행정부가 조심스럽게 쌓아온 전략 대신, 그는 김정은과 직접 마주 앉아 문제를 단판으로 풀겠다는 길을 선택했다. 싱가포르의 악수, 하노이의 긴장, 판문점의 깜짝 만남. 모든 장면은 철저히 트럼프식이었다.

그는 북한을 단지 '비핵화의 대상'이 아니라, 중국 견제의 지렛대로 봤다. 북한과 일정한 관계를 맺고 외교 채널을 열어 두는 것만으로도, 중국을 압박할 수 있다고 판단했던 것이다. 거기에 주한미군의 역할을 줄이고, 방위비 분담을 한국에 넘긴다면, 미국의 부담은 줄이고 정치적 성과는 챙길 수 있었다.

무엇보다 그는, 전임자들이 풀지 못한 한반도 문제를 자신이 해결함으로써 역사에 이름을 남기고자 했다. '위대한 대통령', '노벨상 후보'. 그는 그런 수식어를 꿈꿨고, 북미 회담은 그 무대였다.

그러나 2019년 하노이에서의 '노딜'은 그 꿈에 브레이크를 걸었다.

협상은 결렬됐고, 기대는 꺼졌다. 하지만 흥미로운 점은, 트럼프가 그 실패를 '끝'이 아니라 '중간'으로 여기고 있다는 것이다. 최근 그는 "김정은과 다시 연락할 의향이 있다"고 밝히며, 여전히 북한과의 외교적 가능성을 열어 두고 있다.

이 발언은 단순한 수사가 아니다.

그는 김정은을 '똑똑한 사람'이라 평가하며, 종교적 광신이나 극단적 체제에 함몰된 지도자와는 구별된 존재로 보고 있음을 강조했다. 여전히 대화의 문을 닫지 않았다는 뜻이며, 그것은 트럼프가 언제든 이 무대를 다시 꺼낼 수 있음을 보여 준다.

하지만 정작 북한은 다른 길을 걷고 있다.

김정은은 하노이 실패 이후, 미국보다 러시아와의 관계에 집중해 왔다. 우크라이나 전쟁 이후, 그는 서방과의 대화보다는 러시아와의 군사적·경제적 협력 강화를 통해 새로운 생존 전략을 모색하고 있다. 바이든 행정부와는 사실상 접점을 찾지 않으며, 미국과의 접촉은 오래전 끊긴 듯하다. 이 지점에서 중요한 질문이 남는다. 김정은은 트럼프와 다시 대화할까? 아니면 지금의 고립 경로를 더욱 강화할까?

북한 외교는 지금, 거대한 진자처럼 흔들리고 있다. 대화를 통한 새로운 국면을 만들지, 아니면 무기 개발과 지정학적 편중을 통해 생존만을 이어 갈지는 아직 미지수다. 하지만 한 가지는 분명하다.

북한과 미국의 관계는 단순한 양자 문제가 아니다. 그것은 동북아 전체의 긴장과 균형, 그리고 국제정치의 미래 질서를 결정지을 수 있는 중대한 요소다. 다시 말해, 트럼프의 2기 외교가 현실화된다면, 한반도는 또 한 번의 급격한 변곡점에 설 가능성이 있다. 그리고 그 시계는 지금, 다시 움직이기 시작했다.

10

북한 외교의 다음 선택지: 고립을 넘어서 변화를 향해

북한의 외교정책은 늘 하나의 질문으로 요약되곤 한다.
"이 체제를 어떻게 유지할 것인가?"
그 질문에 대한 대답은 수십 년 동안 변하지 않았다.
자력갱생, 강대강 원칙, 그리고 군사력 중심의 고립적 생존 전략.
그러나 세상이 바뀌었다. 그리고 이제 북한도 그 질문에 새로운 방식으로 답해야 할 시점에 와 있다.

김정은 정권이 여전히 체제 안정을 외교의 최우선 목표로 삼고 있음은 분명하다. 하지만 주민들의 생활 여건은 한계 상황에 다다르고 있다. 외화는 부족하고, 식량은 줄었으며, 시장은 흔들린다. 젊은 세대는 점점 더 외부 세계에 관심을 갖고 있고, 국가가 주는 메시지를 예전만큼 믿지 않는다.

이제 외교는 단순한 안보 전략이 아니라 국내 경제와 사회 안정의 열쇠가 되고 있다.

- 실용주의로 기울어 가는 외교의 무게추

트럼프 2기 행정부가 다시 등장한다면, 북한에게는 전례 없는 외교적 기회의 창이 열릴 수 있다. 김정은과 트럼프, 두 지도자는 서로를 '거래 가능한 상대'로 보았고, 그 덕분에 이전에는 상상할 수 없었던 정상회담이 성사되었다. 물론 하노이의 결렬은 상처를 남겼지만, 동시에 협상의 문이 다시 열릴 수 있음을 증명한 순간이기도 했다.

북한이 지금 선택해야 할 전략은 실용과 현실 감각을 기반으로 한 외교 방향 전환이다. 무역 확대, 국제기구와의 관계 복원, 경제 협력 다변화는 더 이상 선택이 아니라 생존의 문제다. 특히 중국과 러시아에 의존하는 비공식 무역 루트에만 기대기보다는 보다 제도적이고 투명한 경제 채널을 확보하는 것이 장기적으로 국가와 주민 모두에게 유리하다.

- 경제 협력과 개방의 유연한 균형

북한은 최근 러시아와의 군사 협력으로 외교적 생존을 모색하고 있다.

포탄과 군수물자를 제공하며 국제 제재의 포위망을 뚫으려는 시도는 단기적 돌파구일 수 있다. 하지만 그 대가로 요구하는 전략 물자(미사일 부품, 잠수함 기술, 전투기 등)은 오히려 국제사회와의 거리를 더 벌리는 요인이 될 수 있다.

주민들의 생계를 돌보기보다는 군사력 강화에 몰두하는 지도부의 우선순위는 국민들에게도 실망과 냉소를 안기고 있다.

이럴 때일수록 북한이 선택해야 할 길은, 지속가능한 경제 기반 마련을 위한 외교적 재정비다. 남북 협력 사업의 재개, 국제기구와의 원조 복원, 개방적 경제 프로젝트는 단순한 이상이 아니다. 과거 개성공단과 금강산 관광의 사례는 실질적인 경제 효과를 보여 주었고, 주민들의 생활에도 변화를 가져왔다.

- 식량, 보건, 그리고 인간의 기본 문제

북한 외교가 가장 먼저 해결해야 할 것은 식량 문제다. 수년째 이어진 기근과 생산 부진, 국경 차단은 주민들의 삶에 직격탄을 날렸다. 국제기구와의 협력을 복원하고, WFP 같은 파트너와 다시 손을 잡는 것만이 그 해답이다.

보건 분야도 마찬가지다. 코로나19는 북한에 의료 위기의 심각성을 새삼 일깨웠고, 낙후된 병원과 의약품 부족은 외부 협력 없이는 결코 해결되지 않을 문제다. 의료 인프라 개선은 국제 신뢰 회복의 상징이 될 수도 있으며, 동시에 내부 안정의 초석이 될 수 있다.

- 외교의 온도 변화가 불러올 내부의 변화

북한의 외교가 열리면, 단지 물자가 들어오는 것에 그치지 않는다. 정보가 들어온다. 문화가 스며든다. 인식이 바뀐다. 이 조용한 변화는 이미 장마당 세대, 정보 유입 세대 사이에서 일어나고 있다. 외부 세계에 대한 갈망은 정치가 통제할 수 있는 범위를 점차 넘어서는 중이다. 따라서 외교의 진정한 효과는, 주민들에게 새로운 미래의 상상을 가능하게 하는 것이다. 긴장이 완화되고 협력이 시작되면, 사람들은 다시 꿈을 꾼다. 아이들은 전쟁이 아닌 평화를 상상하고, 어른들은 한 끼의 식사와 안락한 잠자리를 소망할 수 있게 된다.

- 고립의 안쪽에서, 선택의 기회가 있다

북한은 지금, 다시 한 번 선택의 기로에 서 있다.

외교는 단지 대외 선전 수단이 아닌, 주민들의 생존과 미래를 위한 현실적 수단이어야 한다. 핵 문제도, 국제 신뢰도, 경제 협력도 이제는 통합된 하나의 프레임 안에서 전략적으로 재편되어야 한다.

이제 중요한 것은, "무엇을 지킬 것인가?"가 아니라, "무엇을 바꿀 것인가?" 하는 질문에 정직하게 답하는 일이다.

11

트럼프 2기의 시계가 다시 움직일 때, 북한은 어떤 문을 열 것인가

2025년 1월 20일, 도널드 트럼프가 다시 백악관 앞 계단에 섰다. 낯익은 얼굴, 익숙한 수사, 그리고 여전히 예측 불가능한 세계관. 그는 다시 세계의 이목을 자신에게 돌리며 취임 연설을 마쳤고, 국제사회는 기대와 불안이 엇갈리는 복잡한 시선을 보냈다.

트럼프 2기의 출범은 곧 세계질서의 한 축이 다시 뒤흔들릴 수 있다는 신호였다. '자유주의'와 '동맹'이라는 오래된 언어 대신, '거래'와 '미국 우선주의'가 다시 힘을 얻는다. 그는 다시 김정은과의 개인적 친분을 자랑하며, 북한을 '핵 역량을 가진 나라(Nuclear Power)'라고 지칭해 외교 안보 전문가들의 경고음을 키웠다.

하지만 그 수사 뒤에 숨은 흐름은 더 복잡하다.

트럼프가 과연 북한 문제를 진심으로 다시 다룰 것인가?

김정은은 그 협상 테이블로 다시 나올 의지가 있는가?
그리고 그 사이, 주민들의 삶은 어떻게 달라졌는가?

- 트럼프는 다시 손을 내밀까, 북한은 그 손을 잡을까

트럼프는 전형적인 '단판형 협상가'다.

문제를 길게 끌지 않고, 한 장의 계약서로 해결하려는 스타일이다.

그는 과거 회담에서 김정은을 '똑똑한 사람'이라 부르며, 이란의 지도자들과 달리 합리적인 협상이 가능한 인물로 평가했다. 다시 말해, 트럼프의 머릿속에는 아직도 '북한과의 딜'이라는 한 장의 거래서가 남아 있는 것이다.

그러나 북한은 변했다. 하노이 회담 이후 김정은은 미국보다 러시아에 더 가까이 다가섰고, 우크라이나 전쟁을 계기로 군사 협력 강화에 집중했다. 국제 제재의 틈바구니 속에서 생존을 위한 새로운 길을 모색한 것이다. 그러나 그 과정에서 얻은 것보다 잃은 것이 더 많았다.

국제사회의 신뢰는 더욱 멀어졌고, 주민들의 삶은 더욱 불안정해졌다.

- 북한 외교의 전환점: 체제 보존을 넘은 생존 전략

북한의 외교정책은 여전히 '체제 유지'라는 키워드를 벗어나지 못하고 있다.

하지만 변화는 곳곳에서 감지된다. 외부 세계에 대한 정보가 점차 내부로 흘러들어 가고 있고, 시장화와 개인 생존의식은 점차 국가의 명령보다 강력한 동기가 되어 가고 있다.

이제 외교는 '체제 선전 수단'이 아니라, 경제 회복의 실질적 통로가 되어야 한다.

무역 확대, 국제기구와의 협력 복원, 그리고 식량·의료 분야의 외교적 재개는 북한 주민들이 가장 시급하게 체감할 수 있는 분야다.

예컨대 WFP(세계식량계획)와의 관계를 복원하고, 유엔 기구를 통한 보건의료 지원을 회복하는 것만으로도 주민들에게는 희망의 징후가 될 수 있다.

또한 남북 협력 사업(개성공단, 금강산 관광 등)은 과거 분명한 성과를 냈던 모델이기도 하다.

이러한 실용적 외교는 단지 국제사회와의 관계 개선을 넘어, 북한 내부의 경제 회복과 사회 안정에 결정적 역할을 할 수 있다.

- **북한의 다음 외교는 어떤 얼굴을 해야 하는가**

북한의 외교정책은 이제 하나의 질문에 마주해야 한다.

"당신들은 대화를 통해 진짜로 무엇을 얻고 싶은가?"

단순한 체제 보장만으로는 부족하다. 주민들의 삶은 실제 변화를 원한다. 굶주림과 약물 부족, 노동 시장의 불안정함 속에서 사람들은 점차 '자력갱생'이라는 말에 회의를 품고 있다.

북한이 국제사회의 신뢰를 얻기 위해 필요한 것은 단 하나, 실질적인 변화다. 단계적 비핵화, 투명한 경제정책, 합리적인 외교 언어. 이 세 가지가 맞물릴 때 북한은 고립에서 벗어날 수 있다. 국제사회가 원하는 건 대단한 것이 아니다. 행동이다.

김정은 정권이 다시 한번 미국과의 협상 테이블에 앉을지를 결정해야 하는 지금, 트럼프의 손이 다시 내밀어질 수 있다는 가능성은 분명 존재한다. 하지만 그 기회는 무한정 지속되지 않는다.

북한의 미래는 외교적 거래 한 장으로 바뀌지 않는다.

하지만 외교가 삶의 무게를 덜어 줄 수 있다면, 주민들은 그것을 기억할 것이다.

지금 북한 외교의 진짜 가치는 체제가 아닌 사람에게 향해야 한다.

국가의 명예가 아닌, 한 사람 한 사람의 식탁 위에, 약봉지 속에, 생존을 위한 시장의 온기에 있어야 한다.

지금이 바로 그 선택의 순간이다.

트럼프가 돌아왔다. 그리고 세계는 다시 질문한다.

"북한은 무엇을 원하는가?"

12

바이든 vs 트럼프 대북정책 비교

- 조율의 외교, 압박 속의 대화: "바이든 시대의 북한 접근법"

바이든은 워싱턴에 입성하던 날, 백악관의 시계는 과거의 급진적 외교와는 다른 박자를 준비하고 있었다. 그는 '조율'과 '연대'라는 단어를 가슴에 품고 있었고, 그것은 곧 북한을 대하는 방식에서도 고스란히 드러났다.

전임자인 트럼프가 마치 외교를 무대 위 쇼처럼 펼쳤다면, 바이든은 조용한 실무회의의 회의록처럼 움직였다. 거친 트윗 대신 세밀한 보고서가, 깜짝 만남 대신 외교 채널 간의 긴 대화가 바이든 시대의 키워드였다. 북한과의 문제는 단지 '김정은과의 대화'로 풀 수 없다고 판단한 그는, 그 무게를 다시 국제사회 전체로 나누었다.

바이든은 한반도 문제를 홀로 끌어안지 않았다.

그는 동맹을 다시 불러냈다. 한국과 일본, 그리고 유엔과 유럽의 여러 파트너들에게 손을 내밀었다. "같이 가야 오래 간다." 그는 그렇게 말했다. 이 새로운 접근은 단순한 선언이 아니라, 다자 외교의 복원이었다. 북한을 고립시키기 위해, 그리고 비핵화의 테이블로 이끌어 내기 위해 그는 외교의 톱니바퀴를 하나하나 맞춰 갔다.

그러나 이것이 '유화'만을 뜻하진 않았다.

바이든의 외교는 부드러워 보였지만, 안에는 단단한 쇠심줄이 있었다. 북한의 도발이 있을 때마다 그는 곧장 국제사회와의 공조를 통해 목소리를 높였고, 제재는 유지되었다. "말은 열어 두되, 행동은 책임져야 한다." 이것이 바이든식 경고였다. 그는 필요할 경우 제재 완화의 여지를 열어두었지만, 어디까지나 그것은 북한이 먼저 움직일 때라는 단서가 붙었다.

그의 외교는 조건 없는 대화보다는 조건 속에서의 유연함을 택했다.

비핵화에 진정성이 있다면, 대화는 언제든지 가능했다. 하지만 그 대화는 과거의 섣부른 낙관주의처럼 휘발성으로 흐르지 않도록, 견고한 국제적 합의를 바탕으로 하길 원했다.

시간이 흐를수록 바이든의 정책은 '현상 유지'라는 비판도 받았다. 극적인 변화보다는 느리고 조심스러운 관리, 당장의 성과보다는 장기적 안정에 초점을 맞춘 전략. 그러나 그것은 그 나름의 이유와 철학이 있는 선택이었다. 전 세계의 안보 불안이 점증하는 이 시기에, 바이든은 외교의 수위를 낮추기보다는 전체 판을 안정적으로 유지하려 한 것이다.

결국 바이든의 대북 정책은 카메라 플래시를 피하고, 조율의 음표를 고른 외교였다. 혼자서 불쑥 문을 두드리는 대신, 여러 손이 함께 노크하는 방식. 북한과의 관계에서 무엇을 줄 것인가가 아니라, 어떻게 '함께' 걸을 것인가를 묻는 정책이었다. 그것은 느리지만, 흔들림 없는 평화의 한 방식이 될 수 있다. 한반도의 평화란 결국, 누구의 의지 하나만으로 완성되지 않는다.

바이든은 그 점을 잘 알고 있었다. 그래서 그는 소리 높이지 않고도 움직였다. 말보다는 구조를, 속도보다는 지속을 택하며, 조용히 한반도의 외교 지도 위에 한 줄기 선을 더 그었다.

- 트럼프와 바이든 대북정책의 주요 차이점

트럼프와 바이든의 대북 정책에서 가장 두드러진 차이점은 바로 그들의 협상 접근 방식이다. 트럼프는 자신의 독특한 리더십 스타일을 바탕으로 북한과의 직접적인 대화를 선호했다. 한미 정상 회담을 통한 김정은과의 정상 회담을 직접 주도하며, 이를 통해 단기간에 비핵화의 진전을 이끌어 내겠다는 목표를 세웠다. 트럼프는 북한과의 정상 회담을 중요한 외교적 도약점으로 보고, 단독으로 대화의 물꼬를 틀 수 있다고 믿었다. 이러한 방식은 그가 강조한 '최대 압박' 전략과 대화를 결합하려는 시도로, 대북 제재와 군사적 압박을 병행하며 북한을 협상 테이블로 이끌려 했던 것이 특징이다.

반면, 바이든은 대북 문제에 대한 접근에서 훨씬 더 다자간 협의와 국제적 압박을 중요시했다. 그는 북한과의 직접적인 대화보다는 동맹국들과의 긴밀한 협력을 통해 문제를 해결하려는 방식을 선호했다. 바이든의 대북 정책은 유엔 안보리와의 협력을 강화하고, 북한의 비핵화를 위한 국제적인 지원을 확보하는 데 중점을 두었다.

그는 단독의 협상보다는 다자간 회의와 국제사회의 공조를 통해 북한에 대한 압박을 지속하고, 북한이 국제적인 규범에 맞는 행동을 하도록 유도하려 했다. 이러한 접근은 북한에 대한 '단기 성과'보다는 '지속적인 압박'을 통해 장기적인 변화를 도모하려는 전략이었다. 두 대통령의 접근 방식은 한반도 문제를 다루는 데 있어 중요한 변수가 된다.

트럼프의 방식은 일종의 '위험을 감수한 직접적인 소통'으로, 빠른 성과를 낼 수 있다는 기대를 담고 있었으며, 바이든은 '국제적인 협력과 제재를 통한 점진적인 변화'를 목표로 했다. 트럼프는 북한과의 관계에서 개인적인 대화를 중시하고, 바이든은 다자간 협력을 통해 압박을 강화하는 방식이었다. 이 두 가지 접근법은 한반도의 미래와 비핵화 진전에 있어 서로 다른 길을 제시하며, 각자의 정책적 성과가 어떻게 나타날지에 대한 궁금증을 낳고 있다.

- 두 대통령, 두 개의 길: 한반도를 바라보는 서로 다른 시선

백악관의 문이 바뀔 때마다 한반도 위의 바람결도 달라졌다.

트럼프와 바이든, 이 두 대통령은 같은 지도를 놓고도 전혀 다른 나침반을 들고 있었다.

트럼프는 한반도를 기회의 무대로 보았다.

그는 외교를 설계도 대신 직감으로 풀었다. 정상 간의 '케미스트리'가 모든 걸 바꿀 수 있다는 믿음 아래, 전통적인 외교 프로토콜을 과감히 뛰어넘었다. 김정은과의 깜짝 만남, 역사적인 악수, 그리고 '친서 외교'라는 감성적 제스처들. 그것은 마치 냉전의 얼음을 깰 해머처럼 보였고, 세계는 숨을 죽였다. 그는 불확실성을 두려워하지 않았고, 오히려 그것을 무기로 삼았다. '최대 압박'과 '즉흥적 대화', 이 두 가지 상반된 전략을 한 손에 쥐고 북한을 협상 테이블로 이끌고자 했다.

그런 트럼프의 시선에서 한반도는 '빅딜'을 꿈꿀 수 있는 장소였다.

다만 그 빅딜은 치밀한 설계가 아니라, 돌발과 직거래, 그리고 운에 가까운 정치적 감각에 의존했다. 어떤 날은 다정했고, 어떤 날은 차가웠다. 한반도는 그의 스타일에 휘둘렸고, 때론 설   으며, 끝내 그 결과에선 많은 질문을 남겼다.

반면, 바이든은 조율의 장을 택했다.

그는 한반도를 국제 안보 체계 속 하나의 중요한 고리로 보았다.

북한과의 단독 외교보다는, 동맹국들과의 공조 속에서 문제를 해결하려 했다. 한국과 일본, 유엔, 유럽까지 바이든의 외교는 '혼자서 돌진'이 아니라 '함께 설득'에 가까웠다. 그는 트럼프의 즉흥적인 '이벤트 외교'보다는, 꾸준한 압박과 협상을 병행하는 '시스템 외교'를 택했다.

그렇다고 바이든이 덜 단호했던 건 아니다.

그는 북한의 핵과 미사일 도발에 대해서도 강경한 입장을 유지했고, 제재는 철저했다. 다만 그의 무기는 트윗이 아닌 공동성명이었고, 정상 간의 유대보다는 동맹 간의 연대였다. 바이든에게 한반도는 단기적 반짝 성과를 위한 무대가 아니라, 긴 안보 게임을 위한 거대한 퍼즐이었다.

이 두 사람의 시선은, 결국 '시간'에 대한 인식의 차이로 요약된다.

트럼프는 지금 당장 뭔가가 바뀌길 원했다. 뉴스 헤드라인과 전 세계의 카메라를 의식하며, 평화를 한 번에 움켜쥐려 했다. 바이든은 당장의 성과보다 미래의 안정에 더 무게를 뒀다. 대화보다 먼저 다질 것은 국제적 기반이라 믿었고, 설득보다 중요한 것은 구조라 여겼다.

그래서 그들의 외교는 서로 다른 물결을 만들었다.

트럼프는 파도를 일으켰고, 바이든은 흐름을 만들었다.

하나는 급진적이었고, 하나는 점진적이었다.

하나는 기대를 모았고, 하나는 신뢰를 쌓았다.

둘 다 옳았다고 말할 수는 없고, 둘 다 틀렸다고 단정할 수도 없다. 다만 분명한 것은, 그들이 남긴 흔적은 한반도라는 섬세한 무대 위에 각기 다른 그림자를 드리웠다는 점이다.

한반도는 여전히 이 두 길 사이에서 방향을 묻고 있다.

우리는 어떤 외교를 선택해야 하는가. 급변의 용기를, 혹은 인내의 지혜를.

13

트럼프 2.0 시대와 한반도 전략 전망

- 트럼프 2.0 시대의 개막, 다시 불확실성의 문이 열리다

2025년 1월, 도널드 트럼프는 다시 백악관의 문을 열었다.

4년 전 워싱턴을 떠날 때만 해도, 그가 이처럼 극적으로 복귀할 것이라 믿은 이는 많지 않았다. 그러나 이제 그것은 현실이 되었고, 세계는 다시 한 번 '트럼프의 미국'이라는 복잡한 퍼즐을 마주하고 있다.

그의 귀환은 단순한 권력의 재획득이 아니다. 그것은 지난 4년간 억눌려 있던 트럼프식 외교와 통치 방식이 다시 무대에 올랐음을 뜻한다. 그리고 그 무대의 한가운데, 늘 그랬듯 한반도가 있다.

트럼프는 취임 직후 기자회견에서 김정은에 대해 다시 언급했다.

"그와 나는 독특한 관계를 맺었다. 나는 여전히 그를 이해한다고 생각한다."

이 말은 곧 한반도 외교가 다시 트럼프의 독특한 방식(즉, 정제되지 않은 언어, 예상 불가능한 접근, 개인 중심의 협상 스타일)으로 돌아갈 수 있다는 신호이기도 하다.

하지만 2025년의 트럼프는 2017년의 트럼프와는 다르다.

그는 이제 '한 번 실패한 경험이 있는 협상가'다. 싱가포르와 하노이, 극적인 회담은 있었지만 비핵화의 실질적 진전은 없었다. 그는 이 실패를 반복할 것인가, 아니면 과거를 교훈 삼아 더 정교한 전략을 구사할 것인가?

- 강경과 대화의 이중주, 다시 시작되다

트럼프 2.0 시대의 특징은 '강경한 압박'과 '개인적 친근감'이라는 모순된 두 축의 공존이다. 이미 그는 재취임 첫 달부터 유엔 제재 강화에 대한 의지를 보였고, 동시에 북한과의 정상급 소통 가능성을 열어 두었다. 이는 곧 다시금 '최대 압박과 대화'라는 트럼프 특유의 이중전략이 재개되었음을 뜻한다.

그는 여전히 협상의 미학을 믿고 있다.

"나 아니면 이 협상은 안 된다." 그의 입에서는 여전히 이런 말이 나오고, 그의 참모들도 "회담의 문은 열려 있다"는 메시지를 언론에

흘린다. 그러나 그 문이 향하는 곳이 진정한 평화의 방인지, 아니면 또 한 번의 무대 장치인지는 아무도 알 수 없다.

문제는 이제 트럼프의 귀환 자체가 불확실성의 원천이라는 데 있다.
그의 '미국 우선주의'는 동맹의 틀을 시험하고, 그의 독자적 거래 본능은 예측 불가능한 외교 지형을 만들 수 있다. 한국은 더 이상 '기존의 미국'을 전제로 움직일 수 없다.
우리는 이제 트럼프 2.0에 맞서는 전략 2.0을 준비해야 한다. 안보 공백을 피하기 위한 철저한 시나리오 설계, 남북 관계 변화에 대응할 유연한 외교 역량, 그리고 무엇보다 주체적인 평화 의지를 되새길 시점이다.

2025년의 봄, 워싱턴의 정문은 다시 활짝 열렸다. 그 문 안에서 또 한 명의 대통령이 출근했지만, 그는 이전과는 다른 대통령이었다.
그는 돌아왔고, 한반도는 다시 긴 호흡을 준비해야 한다.
지금 이 순간부터 우리는 트럼프 2.0이라는 이름의 새 국면을 살아가고 있다.
역사의 필연일까, 우연일까. 그가 어떤 미래를 쓸지는 알 수 없지만, 우리가 그 미래에 어떤 문장을 써넣을지는 우리의 몫이다.

14

트럼프와 바이든 정책의 장기적 영향

한반도는 늘 세계사 속 가장 복잡한 모서리에 자리 잡아 왔다. 전쟁과 휴전, 고립과 협상, 제재와 지원 사이를 오가며, 평화는 언제나 눈앞에 있는 듯 멀기만 했다. 이 모순된 땅을 사이에 두고, 두 명의 미국 대통령은 전혀 다른 길을 걸었다. 도널드 트럼프와 조 바이든. 그들은 같은 목표를 바라보았지만, 전혀 다른 나침반을 들고 있었다.

- **트럼프: 거래의 기술로 비핵화를 시도하다**

트럼프는 외교 무대에 거래의 기술을 들고 나타났다.

"김정은과 나는 통할 수 있다." 그는 기존의 외교 문법을 가볍게 뛰어넘어, 독재자와의 '개인적 유대'를 내세웠다. 전 세계가 지켜보는 가운데 싱가포르와 하노이에서 악수가 오갔고, 언론은 기대와 회의 사이에서 숨을 죽였다.

그러나 그가 꿈꾼 '빅딜'은 끝내 성사되지 않았다. 트럼프는 압박을 통해 북한을 무릎 꿇게 하려 했고, 동시에 대화로 관계를 정상화시키겠다는 모순된 접근을 고수했다. 그는 노벨상을 꿈꾸며 북핵 문제를 단판에 끝내려 했지만, 북한은 협상의 미끼를 받아들이는 대신, 새로운 미사일을 조용히 꺼내 들었다.

트럼프의 방식은 급진적이었다.

그리고 그 급진성은 결국 무대에서 내려오는 순간까지도 아무런 결실을 남기지 못한 채, 극적이었지만 허무했다.

- 바이든: 다자주의의 언어로 천천히 길을 닦다

바이든은 전임자의 그림자에서 한 걸음 물러섰다.

그는 "트럼프 쇼"를 반복하지 않았다. 대신 동맹과 유엔, 그리고 국제 규범을 복원하는 데 집중했다. 북한에 대한 대화는 조심스럽고, 제재는 지속되었지만 그 방식은 점잖았다. 그는 협상의 문을 닫지 않았지만, 그 문을 열려면 '책임 있는 행동'이 먼저라는 메시지를 분명히 했다.

바이든의 전략은 단호하면서도 신중했다.

하지만 북한은 그의 느린 접근에 큰 관심을 보이지 않았다. 도발은 계속되었고, 외교는 정체되었다. 냉랭한 침묵 속에, 평화의 시계는 멈춘 듯 보였다.

- 두 개의 길이 남긴 것: 속도냐, 신중함이냐

트럼프는 카메라 앞에서 악수를 택했다. 바이든은 회의실 뒤에서 전략 문서를 검토했다. 전자는 빠르고 극적인 무대를 선호했고, 후자는 조용히 조건을 쌓아 갔다. 그러나 두 길 모두 북한의 핵무장을 막지는 못했다. 이 역설은 지금도 한반도의 하늘을 무겁게 누르고 있다.

하지만 이 차이는 단지 외교 스타일의 문제가 아니다.

트럼프는 '미국 우선주의'를 내세우며 동맹보다는 본인의 직감을 믿었다. 바이든은 국제 질서 속에서 한국을 '파트너'로 다시 끌어올리며 다자 협력을 추구했다. 어느 쪽이 더 효과적이었는가에 대한 답은 아직 없다. 단지, 한반도는 지금도 그 실험의 결과 속을 지나고 있을 뿐이다.

제6장 한국과 국제사회의 역할

1

하나의 땅, 두 개의 길: 분단이 남긴 궤적

한반도는 하나였지만, 지금은 둘이다.

그리고 그 둘 사이에서 한국은 늘 고민했다. 대화를 택할 것인가, 혹은 단호한 연대를 선택할 것인가.

한국의 대북정책은 늘 두 갈래 길 위에서 줄타기를 해 왔다.

하나는 남북 간의 직접적인 대화, 그리고 다른 하나는 국제사회와의 공조였다. 이 두 가지 전략은 상반되어 보이지만, 사실은 한국이 분단의 현실과 마주하며 택할 수밖에 없었던 이중의 생존방식이었다.

먼저, 대화의 길. 이 길은 평화에 대한 가장 본능적인 갈망에서 비롯된다.

한국은 수차례의 정상회담과 고위급 접촉을 통해 북한과 얼굴을 맞대고 앉았다. 2000년 김대중 대통령과 김정일 위원장이 손을 맞잡았던 순간, 그리고 2018년 문재인 대통령이 판문점 군사분계선을 넘어 김정은 위원장을 맞이하던 그 장면은 수많은 국민들의 가슴에 평화의 가능성을 심어 주었다.

그것은 단순한 정치 이벤트가 아니었다.

철조망 너머에도 사람이 산다는 것, 그곳에도 웃음과 눈물이 있다는 것을 확인하는 과정이었다. 한국은 그렇게 사람 대 사람의 대화를 꿈꿨다. 비록 대화는 종종 멈췄고, 기대는 실망으로 바뀌기도 했지만, 그 문은 단 한 번도 완전히 닫히지 않았다. 한국은 기다렸다. 때로는 인내했고, 때로는 간절했다.

그러나 현실은 언제나 이상을 시험했다.

북한이 미사일을 쏘아 올리고, 핵실험을 강행할 때면 한국은 또 다른 길을 함께 걸어야 했다. 바로 국제사회와의 협력, 그 냉정한 연대의 길이다.

이 길에서 한국은 외교적 균형감각을 발휘해야 했다. 미국과 일본, 유럽 국가들, 유엔과 같은 국제기구와 보조를 맞추며 북한의 도발에 대응했다. 때론 제재를 지지했고, 때론 인도적 지원의 창을 열었다. 국제사회의 규범 안에서 북한을 설득하려는 외교적 노력은, 직접 대화만큼이나 중요한 또 하나의 전략이었다.

한국은 이 두 길을 동시에 걸어왔다.

트럼프의 급진적 대북 접근과, 바이든의 점진적 다자 외교.

그 두 흐름 사이에서도 한국은 중심을 잡고자 했다. 미국의 입장이 바뀔 때마다 남북 관계도 요동쳤지만, 한국은 흔들리지 않기 위해 안간힘을 써 왔다. 북한과의 소통을 지속하면서도, 동맹국들과의 신뢰도 잃지 않으려 했다. 그건 마치 흔들리는 줄 위에서 양손에 무게추를 맞춘 곡예와도 같았다.

그리고 지금, 그 줄타기는 계속되고 있다.

북한은 여전히 완강하고, 국제사회는 여전히 조심스럽다. 그러나 한국은 알고 있다. 평화는 어느 날 갑자기 오지 않는다는 것을. 그것은 길게, 그리고 조용히 쌓아야 하는 벽돌 같은 것이다.

그래서 한국은 오늘도 두 개의 문을 다 열어 두고 있다.

북쪽을 향한 대화의 문, 그리고 세계를 향한 협력의 문.

어느 문이 먼저 열리든, 궁극적으로는 같은 방향(한반도의 평화와 공존)을 향해 나아가기 위해서다.

분단 80년의 그림자 아래, 한국은 여전히 희망의 불씨를 끌어안고 있다. 그 불씨는 거창한 정상회담보다도, 조용히 문을 닫지 않는 자세 속에 있다. 그리고 그것이야말로, 한국이 이 오랜 전쟁의 섬에서 꺼내든 가장 단단한 전략이다.

2

하나 된 외침, 북한을 향한 평화의 길

- **북한은 외롭다**

그러나 그 외로움은 누군가가 만들어 준 것도, 우연히 찾아온 것도 아니다. 핵무기를 손에 쥔 채 세상과의 문을 걸어 잠근 그 순간부터, 스스로 고립을 선택했다. 그리고 국제사회는 그 고립에 대해 단호한 입장을 취해 왔다. 제재와 경고, 회의와 결의. 모든 수단은 하나의 목표를 향해 있었다. 바로 비핵화와 평화.

그러나 오랜 시간 동안 세계는 깨달았다.

압박만으로는 문을 열 수 없다는 것을. 북한이라는 이름의 방은 단단히 잠겨 있었고, 그 안에는 '안보'라는 열쇠 없이는 닿을 수 없는 두려움이 숨어 있었다. 핵무기는 단순한 무기가 아니었다. 그들에게는 살아남기 위한 '보증서'였다.

- 그래서 국제사회는 전략을 바꾸기 시작했다

무력한 압박만이 아니라, 조심스럽고 끈기 있는 대화를 곁들였다. 때론 그 대화가 통했는가 싶었고, 때론 벽에 부딪혔다. 하지만 중요한 건 포기하지 않았다는 것이다. 대화의 자리는 언제나 남겨두었고, 손은 항상 내밀려 있었다. 협상이 무산돼도, 미사일이 날아올라도, 세계는 다시 회담의 테이블을 차렸다.

여기서 중요한 것은 조율이다.

북한 문제는 단일 국가의 외교술로 해결될 수 있는 것이 아니다. 미국 혼자, 중국 혼자, 한국 혼자서는 한반도의 운명을 바꿀 수 없다. 유엔 안보리에서, 6자회담에서, 그리고 각국의 외교 무대에서, 세계는 하나의 목소리를 내야 한다. 서로의 이해관계는 다르지만, 평화라는 목표는 같다.

- 만약 국제사회가 분열된다면?

북한은 그 틈을 파고들 것이다. 서로 다른 메시지 사이에서 자신에게 유리한 문장을 골라내고, 다시 자신만의 이야기를 만들 것이다. 그래서 더욱 중요한 건, 단일한 메시지, 일관된 전략이다.

그렇다고 해서 제재가 전부는 아니다.

경제적 압박은 북한에 타격을 주지만, 변화의 씨앗까지 심지는 못한다. 그래서 제재는 대화를 향한 '전제조건'이 되어야 하고, 협력은 변화를 위한 '인센티브'가 되어야 한다. 압박과 유인, 경고와 유화. 이 모든 것은 하나의 설계도 위에서 정교하게 균형을 맞춰야 한다. 그리고 무엇보다 중요한 건, 북한의 시선으로도 세상을 바라보는 일이다.

왜 그들은 핵을 포기하지 않으려 할까?
왜 그들은 늘 위협받는다고 느낄까?
그들의 두려움을 이해하지 못하면, 협상은 설득이 아니라 명령이 된다. 설득 없는 외교는 오래가지 못한다. 그래서 국제사회는 이제 안보에 대한 상호 인정, 단계적 신뢰 형성, 점진적 보상 체계라는 새로운 사다리를 만들어 가고 있다. 북한이 천천히, 그러나 확실히 세계 무대로 나올 수 있도록.

결국 국제사회의 역할은 단순한 감시자가 아니다.
길을 밝히는 등불이자, 넘어지면 일으켜 세우는 손길이다. 평화는 외치는 것으로 오지 않는다. 함께 설계하고, 함께 걸어야 닿을 수 있는 목표다.

북한은 여전히 망설이고 있다.
하지만 세계는 여전히 기다린다.
그리고 희망은, 아직 사라지지 않았다.

3
한반도의 평화, 우리 모두의 과제다

한반도에서 들려오는 포성 없는 긴장감은 늘 이 세계의 가장 깊은 곳까지 진동을 울린다.

어쩌면 누군가는 말할지도 모른다. "한반도의 문제는 한국의 일이 아닌가?" 그러나 그것은 표면만 본 시선이다.

진실은 이렇다. 한반도의 평화는 더 이상 한국만의 문제가 아니다.

그것은 동북아의 지정학, 세계 안보, 국제 경제 질서의 균형을 함께 떠안고 있는 전 지구적 과제다.

북한의 핵실험 하나, 미사일 한 발의 궤도는 원유 가격을 흔들고, 금융 시장을 긴장시키며, 동맹국들의 군사 전략을 재편하게 만든다. 즉, 이 땅의 평화가 흔들리면, 세계는 함께 떨리는 것이다.

평화를 이야기할 때, 우리는 종종 '우리'만을 생각한다. 그러나 한반도의 평화는 국경을 넘어선 협력의 결과물이어야만 한다.

이 문제를 진정으로 해결하기 위해선 세계 강국들이 자신의 이해를 잠시 내려놓고, 하나의 공통된 목표 앞에 손을 맞잡아야 한다.

- 미국, 가장 강력한 동맹 그리고 가장 복잡한 협상가

미국은 한반도 문제에 있어 가장 강력한 영향력을 지닌 국가다.

동맹이자 핵심 협상 파트너인 미국은 북한 비핵화의 최전선에 있다.

그러나 때때로 미국의 전략은 자신의 안보를 중심에 두고 설계되어, 북한의 현실적 요구나 동북아 정세의 섬세한 균형을 간과하곤 한다.

그래서 더더욱 다자적 협력이 필요하다. 미국은 동맹국, 국제기구와의 조율을 통해 보다 균형 잡힌 전략을 세워야 한다. 평화는 혼자 이룰 수 없는 목표이기 때문이다.

- 중국, 완충지대와 영향력 사이에서

중국은 북한과 가장 긴 국경을 접하고 있는 이웃이며, 오랜 외교적 파트너다. 북한의 경제 생명선이라 해도 과언이 아닌 중국은, 동시에 국제사회의 일원으로서 비핵화와 평화를 위한 책임도 안고 있다.

중국은 복잡한 입장에 처해 있지만, 그럼에도 불구하고 북한의 핵 개발을 제한하고, 안정을 유지하는 데 있어 핵심적인 중재자로서의 역할을 피할 수 없다.

- 일본, 가장 가까운 불안의 감지자

일본은 북한의 미사일 위협을 가장 가까이에서 느끼고 있다.

동시에 한반도에서 벌어지는 모든 변화가 자신에게 직접적인 영향을 준다는 사실을 누구보다도 잘 안다.

일본은 경제력과 기술력을 바탕으로 평화 구축을 위한 실질적 지원자로서의 위치를 강화해야 하며, 과거사와 외교 갈등을 넘어 지역 공동체로서의 책임을 다할 수 있어야 한다.

- 러시아, 이중적인 관전자이자 협상자

러시아는 지정학적으로도, 외교적으로도 한반도와 얽힌 실타래를 오래전부터 알고 있다.

최근 북한과의 군사 협력은 국제사회에 우려를 낳고 있지만, 동시에 러시아는 안보리 상임이사국으로서 평화 유지의 책임을 공유하고 있다.

그들의 영향력은 무시할 수 없기에, 러시아 역시 대화와 해결을 위한 책임 있는 역할을 선택해야 한다.

- 유엔, 평화를 위한 마지막 믿음

한반도의 문제를 관리하고, 국제사회의 목소리를 모아내는 플랫폼은 여전히 유엔이다. 제재, 지원, 대화의 틀 모두가 유엔이라는 공간 안에서 움직인다.

한반도의 평화가 정착되기 위해서는 유엔의 조율력과 정당성이 절대적으로 필요하다. 규칙 기반의 국제 질서가 작동할 수 있다는 신뢰는 바로 여기서 출발한다.

4

누구도 예외일 수 없는 땅, 모두의 협력이 필요하다

하지만 이 복잡한 이해관계 속에도 단 하나의 공통된 진실이 있다.
"한반도의 평화 없이는, 그 누구도 안전하지 않다."
그렇기에 이 평화를 만들기 위한 협력은 단지 외교적 수사가 아니라, 경제 정책이며, 인도주의적 과제이며, 나아가 인류 공동의 책임이다.
한반도의 평화는 이제 단일 국가의 역량으로 해결할 수 있는 문제가 아니다. 그것은 상호의존과 신뢰 위에서만 비로소 완성될 수 있는 다자적 합의의 결과여야 한다.

이 길은 느리다. 때로는 후퇴하고, 멈추기도 한다.
그러나 방향만 바르다면, 결국 도달할 수 있다.

한반도의 평화를 위한 협력은 오늘을 위한 정치가 아니라 미래를 위한 약속이다.

그 약속이 지켜질 때, 우리는 더 이상 "한반도의 위기"라는 문장을 반복하지 않게 될 것이다. 그때 우리는 말할 수 있을 것이다. 이제, 평화가 당연해졌다고.

두 대통령은 떠났고, 한 명은 다시 돌아왔으며, 서로 다른 방식으로 이 땅의 운명을 재단했다. 하지만 한반도의 평화는 단 한 사람의 리더십만으로 완성될 수 없다.

트럼프도, 바이든도 완성하지 못한 평화의 그림.

그 속에 진짜 열쇠는 '지속 가능한 대화', '국제적 공감대', 그리고 '지역 주체들의 의지'일 것이다.

역사는 반복되지 않는다.

다만, 울림은 남는다.

지금 이 순간도, 한반도는 그 울림 속을 걷고 있다.

에필로그

- 한반도 평화를 향한 긴 여정

어쩌면 한반도의 역사는 끝나지 않는 계절 같다.

눈송이처럼 내려앉은 전쟁의 기억은 아직도 이 땅 곳곳에 스며 있고, 그 위로 때때로 봄처럼 찾아온 평화의 희망은 늘 너무도 짧았다. 휴전선 위로 깃든 철조망은 바람이 스쳐 갈 때마다 서늘한 울음을 흘리고, 아무도 밟지 않는 비무장지대에는 들꽃이 피고 또 졌다.

분단 80년, 그 시간은 하나의 민족이 둘로 나뉘어 버린 기나긴 고백이자, 여전히 끝나지 않은 질문이다.

2018년 여름, 그 질문에 잠시나마 답이 보일 듯한 순간이 있었다.

싱가포르의 센토사 섬, 뜨거운 햇살 아래에서 김정은과 도널드 트럼프가 손을 맞잡았다. 적대와 불신이 오랫동안 뒤엉켜 있던 두 사람의 악수는 마치 벼락처럼 세계를 뒤흔들었다.

언론은 '역사적 순간'이라 외쳤고, 사람들은 속으로 되뇌었다.
"이번만은, 정말 다를 수 있지 않을까?"
그러나 낡은 역사는 쉽사리 옷을 갈아입지 않았다.

2019년 하노이, 그곳은 희망이 식어 간 도시가 되었다. 두 번째 북미 정상회담은 아무런 합의 없이 끝났고, 기대는 실망으로, 미소는 침묵으로 바뀌었다. 트럼프는 자리에서 일어났고, 김정은은 무표정해졌다. 무대는 퇴장했고, 남은 것은 공허한 회담장과 미완의 선언뿐이었다.
그래도 또 한 번, 운명은 예기치 못한 연출을 준비했다.
2019년 여름, 트럼프는 전 세계가 지켜보는 가운데 판문점 군사 분계선을 넘어 북한 땅에 발을 디뎠다. 미국 대통령으로는 처음 있는 일이었다. 김정은은 환하게 웃으며 그를 맞았고, 언론은 "기적의 재시작"을 이야기했다. 하지만 그 만남은 다음 날이면 구겨진 신문 위로 밀려났다. 진정한 평화는 플래시 세례 속에서 완성되지 않는다는 사실을, 모두가 다시금 확인했다.
시간은 흘렀고, 대화는 멈췄다.
북한은 다시 미사일을 쐈고, 미국은 제재를 유지했다. 남북 관계는 얼어붙었고, 팬데믹은 국경을 봉쇄했다. 김정은과 트럼프가 주고받던 친서들도 사라졌고, 싱가포르와 하노이, 판문점의 추억은 먼 과거가 되었다.

그리고 지금, 트럼프 2.0 시대가 다시 막을 올렸다.

이제 우리는 다시 묻지 않을 수 없다. 과거의 그 회담들… 그것은 진심이었을까, 연출이었을까. 그리고 지금, 다시 돌아온 트럼프는 과거의 실수를 되풀이할 것인가, 아니면 새로운 길을 모색할 수 있을까. 아직 아무도 그 답을 모른다. 다만 분명한 것은 있다. 그 어떤 정치적 야망보다 중요한 건, 이 땅에 사는 사람들의 '지속적인 희망'이라는 것이다.

올해는 분단 80년이 되는 해다. 80년 동안 우리는 전쟁의 공포를 기억했고, 동시에 수많은 평화의 언어를 배웠다. 이제는 그 언어가 선언에 머무르지 않고, 삶 속으로 스며들어야 할 때다. 더 이상 평화는 회담장의 셔터음 속에서만 머물러서는 안 된다.

그날이 오기를 바란다.

판문점의 철조망 위에 철새가 내려앉고, 총성이 아닌 노랫소리가 북녘의 산등성이를 울리는 날.

그날을 향한 여정은 아직 끝나지 않았다.

그리고 결코 멈추지 않을 것이다.

우리는 지금, 그 긴 여정의 한복판에 서 있다.